L'UNIVERSITÉ CATHOLIQUE

Mgr Éd. MASSAUX

Recteur de l'Université Catholique de Louvain

L'UNIVERSITÉ CATHOLIQUE

Sa mission aujourd'hui
Sa présence au monde contemporain
Sa place dans le contexte
d'une société démocratique et pluraliste

Eds. PEETERS

B.P. 41

B-3000 LEUVEN

ISBN 2-8017-0147-5

D. 1980/0602/16

Introduction

Plusieurs personnes nous ont convaincu de l'utilité de publier en un seul volume les textes des discours que nous avons prononcés en diverses circonstances et qui traitaient de l'Université Catholique.

Ce sont ces textes que nous livrons aux lecteurs avec le désir de répondre aux questions qui se posent aujourd'hui au sujet de l'Université Catholique et avec l'espoir de la servir.

Mgr Éd. MASSAUX.
Recteur de l'Université Catholique de Louvain.

Louvain-la-Neuve, le 2 février 1980, en la fête de Notre-Dame, Siège de la Sagesse, patronne de l'Université Catholique de Louvain.

L'Université Catholique, aujourd'hui *

Une université est une grande et difficile entreprise, qui touche aux ressorts les plus profonds de l'existence humaine, qui met en cause certaines des démarches en lesquelles se décide la qualité spirituelle de l'homme. C'est pourquoi elle représente un enjeu social si important; c'est pourquoi elle ne voudrait pas être considérée comme une entité isolée, se donnant à elle-même ses propres principes et ses propres règles, se définissant entièrement à partir d'elle-même. Elle représente, sans doute, dans l'ensemble du corps social, une collectivité spécialisée, mais elle s'enracine dans une communauté beaucoup plus vaste qu'elle-même, et son propre effort retentit sur la vie des collectivités en lesquelles elle s'insère d'une manière qui d'ailleurs n'est pas certainement consciente et prévisible. L'université moderne s'est trouvée certainement associée de façon étroite à la science, et par conséquent au type de rationalité qui s'est développé dans la ligne de la pensée scientifique. Il y aurait certes à préciser ce qu'il y a de spécifique à cette association dans le cas de l'université. Ce n'est ni la recherche en tant que telle, ni la formation en tant que telle, car après tout il y a d'autres institutions de recherche et de formation. C'est peut-être une combinaison «sui generis» entre la recherche, la formation à certaines professions, la formation proprement scientifique, l'élaboration de certains modèles culturels, et la pensée critique, qui est faite d'un souci constant de discernement, d'un effort de mise en question des évidences et de mise à jour des présuppositions de toutes espèces, d'une élucidation aussi radicale que possible des fondations et aussi d'une évaluation aussi sévère que possible des résultats obtenus. Or, ce que la pensée critique a fait apparaître, c'est précisément que la démarche scientifique est commandée par des abstractions qui ont certes leur légitimité et leur fécondité, mais qui sont aussi des limitations, et que les limitations demandent à être surmontées. C'est finalement la pensée scientifique elle-même qui en vient à demander le dépassement des

* Texte du discours prononcé à Angers le 10 avril 1976, à l'occasion du centenaire de l'Université Catholique de l'Ouest.

cadres méthodologiques établis, des présupposés reçus, des cloisonnements disciplinaires, d'une spécialisation méthodologique excessive. Les
efforts que l'on voit se croiser aujourd'hui autour de l'idée de recherche
interdisciplinaire est un indice particulièrement évident de cet appel à
l'ouverture.

Mais il y a dans tout cela bien plus qu'un simple souci méthodologique, il y a la perception d'une dimension profonde, non immédiatement
évidente de la science, la conscience croissante d'un enjeu qui, se décidant
à l'intérieur de la science, concerne en définitive beaucoup plus que la
science, met en cause l'homme lui-même, dans ses dimensions à la fois
personnelles et sociales. Dans la science moderne s'est cristallisée une
certaine idée de la rationalisation, et nous commençons à découvrir que
cette idée, – tout en étant efficace et tout en ayant des justifications, – est
trop étroite, que ce que nous visons par le terme «raison» est sans doute
beaucoup plus vaste que ce que nous en révèle concrètement la figure de
la science d'aujourd'hui. Or, quelles que soient les précautions méthodologiques et les actes de délimitation, on ne saurait isoler la rationalité
scientifique de cette raison plus large qui nous demeure en son fond
mystérieuse et se présente comme une tâche à accomplir bien plus que
comme une réalité déjà toute constituée. Il y a entre la rationalité
scientifique et la raison au sens le plus large une communication
souterraine. Or, la raison au sens le plus large rejoint elle-même très
profondément le destin même de l'homme, non pas en ce sens qu'elle
serait appelée à nous donner une image satisfaisante de nous-mêmes où
nous pourrions un jour nous reconnaître, ni en ce sens qu'elle pourrait
nous donner accès à une forme supérieure de vie qui serait de l'ordre
d'une contemplation pure du vrai, mais en ce sens qu'elle est essentiellement un dynamisme créateur, et qu'à ce titre, elle figure, dans son ordre
propre, le dynamisme instaurateur qui est le cœur même de la personne,
et qu'elle annonce un accomplissement à venir qui est au-delà d'elle-
même.

C'est pourquoi il est légitime et même profondément souhaitable
qu'une entreprise de nature scientifique, – lorsqu'elle entend s'appuyer,
comme c'est précisément le cas pour l'université, sur un véritable souci
critique et en même temps, corrélativement, sur un souci de dépassement
et donc, en un sens, de totalisation, – fasse appel, comme à une instance
fondatrice et inspiratrice ultime, dans sa démarche la plus profonde, à
une vision explicite de la signification de l'homme, de sa destinée, de ce
qui est appelé à advenir en lui. Mais une telle vision va nécessairement

au-delà de la science et même sans doute de ce qu'on peut appeler rationnel au sens strict, si du moins on entend par là ce qui est de l'ordre du démontrable. Elle est de l'ordre de la croyance. Une croyance n'est pas sans raisons, mais les raisons n'appartiennent peut-être pas toutes au domaine du démontrable.

En sens inverse, il est légitime et même nécessaire qu'une croyance en laquelle le cœur même de l'existence se met en jeu, se préoccupe d'assumer en elle, parce qu'il est lié au destin de l'existence, le destin de la raison et, à ce titre, se préoccupe d'assumer, dans son service même, l'effort de la rationalité tel qu'il peut être vécu dans une université.

C'est dans une telle perspective que nous pourrions comprendre aujourd'hui la mission d'une université catholique.

L'université catholique est née non pas d'une sorte de hasard ni non plus d'un enchaînement fatal de circonstances mais d'un choix historique conscient et délibéré. Or, ce choix est toujours à reprendre. Ce qui est de l'ordre de la décision ne peut devenir un destin; une décision ouvre un avenir, crée des possibilités, et il faut d'autres décisions pour que l'avenir reste ouvert et que de nouvelles possibilités apparaissent.

La création de l'université catholique a répondu à une certaine «idée», pour reprendre l'expression de Newman, mais une idée n'est pas une formule toute faite, un programme préétabli, c'est un thème inspirateur qui doit sans cesse être réinterprété et, en un sens, réinventé. Il y a toujours plus dans une idée que ce qui en est formulé explicitement: les expressions peuvent être maladroites, mais il y a une visée anticipatrice qui invite à la découverte, à l'initiative, à l'invention. Chaque époque a ses problèmes, ses besoins, ses exigences, et un projet de nature historique doit toujours être réévalué et reformulé en fonction de l'évolution des circonstances et de ce que la maturation même de ce qui a été entrepris fait apparaître.

L'université catholique a été animée en ordre principal, à une certaine époque, par des préoccupations apologétiques, pastorales et doctrinales. Il s'agissait de montrer par le fait, – dans un monde qui était fort enclin à voir une incompatibilité entre la foi et la science, – que loin de s'opposer à l'esprit scientifique, la foi pouvait au contraire fournir une motivation positive et pleinement efficace à l'effort scientifique. Il s'agissait par ailleurs, – dans un monde qui était en voie de déchristianisation et où la culture ambiante était déjà largement laïcisée et portait à l'indifférence et au scepticisme, – de créer, au niveau de l'enseignement universitaire, un milieu de vie favorable à l'épanouissement de la vie chrétienne et capable d'aider les jeunes chrétiens à assumer personnellement leur vie religieuse, dans la période de leur vie qui était la plus décisive pour leurs orientations intellectuelles et la formation de leur esprit. Et d'autre part, en troisième lieu, il s'agissait de contribuer à l'élaboration dans tous les secteurs décisifs pour la vie humaine, et surtout là où des valeurs morales décisives se trouvaient engagées, d'une doctrine conforme aux principes chrétiens; il s'agissait en somme, – pour reprendre une formule qui fut célèbre dans les débuts de l'action catholique, – de «projeter» les valeurs spirituelles sur le plan temporel. C'est surtout par cette tâche doctrinale que l'université catholique devait servir l'Église, considérée aussi bien dans son aspect institutionnel que dans son aspect mystique.

Les circonstances ne sont plus exactement aujourd'hui ce qu'elles étaient au siècle passé. La compatibilité entre la foi et la science n'est plus aujourd'hui un problème crucial. On ne peut dire qu'il ne se pose absolument plus, mais les accents sont déplacés. Ce qu'on demandera aujourd'hui, ce n'est plus de savoir comment foi et science peuvent coexister, dans quelle mesure les affirmations de la foi et les affirmations de la science ne se contredisent pas, mais comment, de fait, la foi peut être vécue, existentiellement, par un scientifique chrétien et comment, de fait, le projet scientifique peut être assumé dans la vie de la foi. On demandera quel peut être le sens positif de l'entreprise scientifique dans la perspective de la foi, et aussi ce que la foi apporte de spécifique dans une existence consacrée au travail scientifique.

Par ailleurs, l'idée d'un milieu protégé qui s'isolerait afin de mieux assurer l'excellence de la vie chrétienne de ses membres, apparaît aujourd'hui presque en contradiction avec l'appel évangélique, avec le devoir de l'annonce du Royaume, avec l'indication donnée par la parabole du levain dans la pâte. Ce à quoi on sera attentif aujourd'hui, c'est aux exigences d'une vie chrétienne vraiment ouverte sur le monde, vraiment capable d'assumer la condition humaine dans sa réalité présen-te et dans la totalité de ses dimensions. Ce qu'on demandera, c'est une formation chrétienne qui éduque la responsabilité, qui encourage l'initiative, qui prépare à la rencontre, au partage avec tous les hommes, à l'engagement sous toutes ses formes.

Et d'autre part, l'idée d'une sorte de doctrine chrétienne universelle, offrant des solutions spécifiques à tous les grands problèmes de l'homme et de la société, nous paraît aujourd'hui relever d'une conception théologique qui interprétait le message chrétien à travers les catégories formelles du système et tentait de le faire rentrer dans des schémas déductifs ou de le présenter comme une théorie qu'on applique à la réalité empirique, un peu à la manière d'une théorie scientifique que l'on applique à la solution de certains problèmes techniques.

Nous avons appris à mieux apprécier la spécificité du message chrétien et du langage dans lequel il s'annonce, à mieux comprendre en quel sens il peut être inspirateur et normatif, à mieux comprendre aussi par voie de conséquence combien il laisse place, dans les problèmes concrets posés par l'existence présente à l'humanité, à la recherche, à l'invention, au tâtonnement, à l'approximation. Et même là où il ne s'agit pas simplement de solutions techniques mais de normes d'action, nous nous rendons compte qu'il y a place, – dans l'optique même de la foi, – pour une élaboration qui doit tenir compte de ce que le cheminement historique de l'humanité lui révèle à elle-même de ses potentialités, de ses exigences, de sa signification. Il y a, comme on dit, une lecture chrétienne des événements, mais cette lecture est un déchiffrement, et elle doit tenir compte précisément de ce que révèlent les signes du temps et de ce qu'ils peuvent apprendre à la foi elle-même sur sa propre signification. Car la foi est toujours à découvrir, et c'est dans la vie même, au contact des événements, individuels et collectifs, que se montre, pour ceux qui en vivent, la portée existentielle de son contenu. Il faut ajouter que les idées de synthèse ultime et de système universel apparaissent aujourd'hui fort peu compatibles avec ce que l'évolution de la recherche, non seulement sur le plan proprement scientifique mais aussi sur le plan philosophique, fait apparaître. Plutôt qu'à un mouvement d'unification, c'est à un mouvement de différenciation et même de disjonction que nous assistons. Certes on commence à s'apercevoir que le cloisonnement devient excessif, qu'il faut sortir des limites fixées par la spécialisation et le découpage des disciplines. Mais on n'attend pas pour autant la constitution d'une sorte de grand système qui réussirait à embrasser toutes les sciences, car on se rend bien compte de ce qu'il y aurait d'illusion et même de puéril dans un tel projet. Ce qu'on demande, c'est une mise en contact des disciplines, une ouverture réciproque des méthodes, une écoute mutuelle, une volonté de communication et d'échange, un effort de complémentarité. L'esprit reste travaillé par un vœu profond d'unité ; mais dans l'état présent de la culture et de la recherche intellectuelle, l'unité ne peut être cherchée, semble-t-il, dans la ligne de la synthèse, de l'uniformisation, des schèmes déductifs, mais dans la ligne de la confrontation, de la mise en rapport, du dialogue. Elle ne nous apparaît pas comme un contenu donné qu'il suffirait de décrire, mais comme un horizon qui sous-tend l'idée d'une convergence, mais à la limite seulement, et qui, dans l'actuel, ne peut que fonder la légitimité, la fécondité et la nécessité du dialogue.

C'est sans doute à ces diverses expressions devenues en grande partie inadéquates de l'idée d'université catholique que s'adressent, – dans ce qu'elles ont de fondé, – les critiques qui se sont exprimées, à divers moments, contre cette idée dans certains milieux catholiques. On pourrait, semble-t-il, quitte à les schématiser quelque peu, les ramener aux reproches suivants : l'université catholique risque de constituer un milieu fermé, un «ghetto», coupé du monde réel et de la véritable vie des hommes – elle risque de donner prise à la tentation · d'une sorte d'impérialisme, d'ailleurs illusoire, de la vérité – et elle risque par là de se lier en fait à des normes historiques contingentes, voire à des formes déjà dépassées de pensée, de culture, de vie sociale, et de compromettre la pureté du message évangélique dans des tentatives abusives et trompeuses d'incarnation.

Il faut écouter ces critiques dans la mesure où, sous des formes diverses, elles mettent en réalité l'accent sur un péril tout à fait fondamental, qui consisterait, pour l'université catholique, à se contenter d'une référence à ses origines ou à des époques passées de son histoire, comme si le contenu de son idée avait été entièrement et adéquatement explicité une fois pour toutes. Une telle attitude serait contraire aux exigences de la vie. C'est au présent qu'il nous faut vivre, et la fidélité au présent demande un effort constant de renouvellement.

L'idée va toujours plus loin que ses expressions momentanées, et il faut apprendre, justement, à en déchiffrer dans le présent les exigences toujours nouvelles.

Or si, en un sens, les idées d'apologétique, de milieu de formation, d'élaboration doctrinale ne correspondent plus, comme telles, aux caractéristiques et aux demandes de notre temps, en un sens aussi, ces idées recouvraient des préoccupations qui, dans leurs intentions profondes, n'ont rien perdu de leur actualité. Sans doute peut-on dire qu'il n'est plus nécessaire aujourd'hui de prouver la compatibilité de la foi et de la science. Mais il reste vrai qu'il y a un problème dans la rencontre de la foi et de la raison scientifique. Et ce problème va bien au-delà d'une simple question de compatibilité : la raison scientifique n'est sans doute pas toute la raison, elle est en tout cas une expression particulièrement caractéristique et singulièrement vigoureuse de l'idéal de la raison. Or, tout en étant d'un autre ordre, la foi, dans la mesure où elle est fondée sur un kérygme et sur une reconnaissance vécue du kérygme, est accordée profondément à l'effort de la raison ; elle appelle, de par sa nature même, le travail de la raison. Elle en assure en elle le destin et en révèle le sens caché, mais, en même temps, elle lui demande de soutenir de ses propres efforts et de sa propre lumière l'effort par lequel elle tente dans la lumière qu'elle instaure elle-même, de se comprendre et de se dire toujours davantage. Mais il n'y a pas une formule toute faite de la rencontre entre la foi et la raison. Cette rencontre n'est pas un projet ou un programme, c'est une réalité, qui est à la fois à découvrir et à construire, et c'est dans un cheminement historique qu'elle peut s'effectuer. Car c'est dans l'histoire que la foi fait valoir ses exigences et révèle ses virtualités ; et c'est dans l'histoire que la raison se cherche, s'éprouve et se donne son contenu. C'est une tâche d'Église que d'assurer cette rencontre ; cela signifie concrètement que c'est aux communautés chrétiennes à en assumer la responsabilité, selon leurs possibilités et leurs moyens, avec tout ce qu'il peut y avoir de nécessairement limité et imparfait dans les contingences ou situations historiques particulières.

On doit dire que les communautés chrétiennes et les institutions chrétiennes ne peuvent vivre dans le repliement et l'isolement. Mais il reste vrai que la formation chrétienne est un problème que chaque nouvelle génération doit rencontrer pour son propre compte, et ce problème se pose même d'une façon particulièrement aiguë en ces temps, où, précisément, l'influence du milieu, la force de la tradition, la protection des institutions ont perdu leur efficace, où chacun doit pouvoir élaborer pour lui-même ses propres convictions, dans un engagement vraiment personnel, d'une manière vraiment responsable et lucide. Il s'agit donc, non pas de transmettre un acquis, de communiquer simplement des données traditionnelles, mais de donner à ceux qui arrivent à l'âge de la réflexion et de la décision personnelle, les moyens nécessaires pour décider de la façon la plus éclairée et la plus fondée. Ces moyens ne sont évidemment pas entièrement d'ordre intellectuel, dans la mesure où il s'agit en définitive non pas de choisir une théorie de préférence à une autre, mais de s'engager existentiellement à l'égard d'une parole personnelle. Mais on ne peut sous-estimer pour autant l'importance des moyens intellectuels. Comment prendre position lucide-ment, dans le contexte d'une culture où la pensée scientifique et la pensée critique jouent un rôle si décisif, sans avoir appris à manier ces formes de pensée d'une manière éclairée, sans se laisser séduire ou intimider par ce qu'elles peuvent avoir d'apparemment ésotérique et impressionant ?

On peut dire que la proclamation de la foi n'a vraiment pas grand-chose à voir avec la construction d'une doctrine. Mais il reste vrai que la foi est appelée à déchiffrer la signification des événements et à déchiffrer sa propre signification à la lumière des événements, que la recherche est indispensable, parce que la vérité n'est pas toute faite, mais est toujours à faire, que, selon la belle expression de Monseigneur Dondeyne, «la foi doit être à l'écoute du monde», mais qu'elle doit pouvoir aussi apporter son éclairage propre à tout ce qui est vécu dans le monde. S'il faut, au plan de la recherche intellectuelle, la confrontation des disciplines, il faut, au plan de la recherche chrétienne, qui n'est évidemment pas d'abord et avant tout une recherche intellectuelle, mais qui est aussi cela, une rencontre entre l'effort d'auto-compréhension de la foi et l'effort de la pensée dans ses différentes dimensions. Il faut que la théologie puisse se développer dans un échange continu et organique avec les diverses disciplines philosophiques et scientifiques, et les sciences dites de la nature ont ici un rôle à jouer qui n'est certainement pas moindre que celui des sciences dites humaines. Une telle mise en communication des différentes formes de recherche ne peut être assurée de façon effective et durable sans un support institutionnel adéquat.

Mais, tout ceci étant reconnu, il n'en reste pas moins que l'idée inspiratrice de l'université catholique doit être repensée et reformulée pour aujourd'hui de façon à tenir compte de tout ce qui vient d'être rappelé, mais de façon à tenir compte aussi de tout ce qui se passe dans l'Église et dans le monde, des changements de perspective que le Concile Vatican II a introduits ou favorisés, des transformations de la culture, des appels à l'avenir, de la manière nouvelle dont tentent de se nouer aujourd'hui les rapports de l'Église et du monde, dont les communautés chrétiennes tentent de s'inspirer dans les collectivites humaines auxquelles elles appartiennent. Or, il y a ici une indication qui nous est donnée par l'effort de ressourcement qui est aujourd'hui entrepris. Dans la mesure où nous nous sommes détachés de l'idée de doctrine déductive et des présuppositions intellectualistes qui sous-tendaient cette idée, nous avons redécouvert l'originalité de l'annonce évangélique, la réalité de la parole, et la singularité de la foi. Nous avons redécouvert ce qui sépare la confession et la proclamation de la foi d'une affirmation philosophique, et ce que signifie l'implication du croyant dans l'attestation qu'il fait de sa foi et des réalités auxquelles il croit. La foi ne se professe pas sous une forme descriptive ou démonstrative, mais sous la forme d'un témoignage; celui qui tient la parole de la foi s'engage dans et pour cette parole, se faisant lui-même signe de ce qu'elle annonce, et il fait appel, en ceux à qui il s'adresse, à une décision qui engage l'existence. On ne peut être croyant sans vivre sa foi et donc sans témoigner. Mais la foi n'est pas séparable des œuvres ; c'est toute la vie qui doit témoigner. Et d'autre part, personne n'est croyant tout seul ; la foi chrétienne est nécessairement vécue dans une communauté, non seulement parce qu'elle est écoute partagée de la parole de Dieu en Jésus-Christ, mais parce qu'elle porte elle-même sur un mystère communautaire, l'édification du Corps du Christ. C'est pourquoi du reste son moment le plus central est la célébration eucharistique, communion au Corps du Christ. Le témoignage chrétien ne saurait se réduire à une dimension individuelle, il est d'essence communautaire, plus exactement ecclésiale. C'est l'Église qui est appelée à être signe.

La signification de l'université catholique aujourd'hui, et sa mission, c'est précisément d'être, en tant que communauté universitaire, un témoignage, et de contribuer ainsi, pour sa part, dans son ordre, à rendre l'Église présente au monde, d'attester pour sa part ce que l'Église dans son ensemble a pour mission d'attester. Cette part, c'est précisément ce qui est indiqué par ce qu'il y a de spécifique dans le travail universitaire, c'est la rencontre avec le destin de la raison et tout ce qu'il implique, tant au niveau de la recherche qu'au niveau de la formation, à celui de la culture et à celui des finalités sociales.

L'incarnation du Verbe est un mystère central du christianisme ; ce mystère doit être pensé et vécu dans toutes ses implications. En assumant dans la personne du Verbe la nature humaine dans toute sa réalité, le Christ assume en Lui toute la condition humaine, à la fois dans ses limitations et dans sa créativité, et, par conséquent, les œuvres à venir de l'homme, et singulièrement l'œuvre de la raison. Cette assomption doit devenir, au moins partiellement, visible dans la vie de l'Église, qui est le Christ continué. Sa pleine signification ne sera manifestée qu'à la fin des temps. Mais il faut que quelque chose en soit attesté dès le temps présent. Il faut qu'en certains lieux la présence du Royaume de Dieu au travail de la raison soit annoncée d'une manière concrète dans l'exercice même de ce travail. C'est la tâche des universités catholiques ; en accomplissant cette tâche, une université catholique porte témoignage à sa manière pour le mystère du Christ. Tout chrétien, il est vrai, est appelé à porter ce témoignage en sa vie. Mais il y a quelque chose de spécifique dans le témoignage d'une communauté, dans la mesure précisément où elle peut faire apparaître, par son action propre, la dimension collective du mystère du salut. Non certes de façon adéquate, mais comme un signe seulement parmi d'autres, et dans l'humilité.

L'université catholique doit être ouverte à tous. La recherche doit s'y poursuivre librement, selon ses requêtes et exigences propres. Il n'est pas certain que tous les membres de la communauté universitaire accepteront d'assumer pour leur propre part l'idée de l'université catholique en tant que telle. Ce n'est du reste sans doute pas nécessaire ; il ne peut y avoir université catholique que dans la mesure où il y a université authentique, et ce qui est demandé à tous c'est de prendre leur part dans la responsabilité d'un travail authentiquement universitaire. Mais pour que l'idée de l'université catholique soit une réalité, il faut à tout le moins qu'une part importante de la communauté universitaire en assume le projet. Une déclaration d'intention ne suffit pas à faire un témoignage. C'est la vie qui témoigne, et la vie est tissée par les démarches concrètes des personnes.

Il faut cependant, pour qu'un projet existe en tant que réalité collective, qu'il soit clairement formulé ; il faut pour cela qu'il y ait une déclaration institutionnelle des intentions inspiratrices. Une telle déclaration ne peut avoir pour sens d'imposer des conceptions préétablies ou des normes à priori. Elle a pour sens d'être un appel adressé à tous, et auquel chacun répondra selon sa conscience.

Il est évident que l'université catholique ne peut être considérée comme un corps isolé et ne peut se comprendre elle-même comme une entité qui se suffirait : tout en ayant sa mission propre, qui lui confère sa personnalité spécifique, elle ne fait elle-même que représenter, au plan de la vie universitaire, la communauté chrétienne dont elle est issue, et qu'elle doit aider à réaliser sa vocation – tout comme, dans une autre perspective, elle doit servir les collectivités temporelles dont elle relève en tant qu'institution universitaire.

La mission d'un témoignage communautaire dans l'ordre de la vie de l'esprit est bien autre chose qu'un programme. C'est une exigence, mais dont on ne peut décrire à l'avance le contenu. C'est une exigence qui se révèle au fur et à mesure que le temps avance, que les appels se font entendre, que de nouvelles urgences se manifestent. Si le témoignage est attestation de la foi, c'est aussi affirmation de l'espérance et manifestation de la charité. Et la charité doit transfigurer les œuvres de l'esprit comme toutes les œuvres humaines. Elle doit faire servir les ressources de l'esprit au bien concret des hommes. Ses fruits doivent devenir dès maintenant visibles. Elle doit être agissante et inventive, attentive aux besoins les plus individuels comme aux grands appels du monde contemporain et aux grandes angoisses collectives de notre temps. C'est la charité qui sauve l'intelligence, et qui fait la vérité de la foi elle-même.

Ce qui nous est demandé est toujours au-delà de ce dont nous croyons pouvoir nous contenter. Mais nous devons tout attendre de la grâce de Dieu et ne pas nous lasser de la demander dans la prière. Du reste, le témoignage n'est pas une sorte de revendication de la vérité ni la prétention à une quelconque excellence. Il est au contraire un effacement devant la parole qui s'annonce, un renoncement à soi et à ses propres lumières, une disponibilité du cœur qui doit laisser toute la place à la réalité à laquelle il renvoie. Nous sommes des serviteurs inutiles.

Et pourtant nous portons une responsabilité à laquelle nous ne pouvons nous soustraire. Le Verbe de Vie s'est confié à nos voix indignes. Quelque chose du mystère insigne qui s'accomplit en Jésus-Christ doit passer à travers nos gestes et nos paroles, tout infimes et insignifiants qu'ils soient. En reprenant aujourd'hui à notre compte, dans une décision qui la rend pleinement actuelle, l'idée de l'université catholique, nous prenons sur nous de faire passer dans une réalité institutionnelle, qui a ses limites et ses déficiences, quelque chose du message auquel par la foi nous adhérons et que nous tentons d'accueillir en nos vies. Nous devons y lire une vocation, c'est-à-dire un appel.

Puissions-nous lui répondre de tout notre cœur et lui demeurer à travers tout humblement et joyeusement fidèles.

La présence de l'Université Catholique au monde contemporain*

L'université catholique est un lieu de rencontre. En tant que catholique, elle est une cellule d'Église et elle a, comme toute communauté chrétienne, vocation de témoignage; elle représente une des formes à travers lesquelles l'Église doit devenir présente aux hommes et, par eux, à l'immense effort de tout le monde visible pour aller dans le sens de ce qui l'appelle du plus profond de son avenir. En tant qu'université, elle est une institution dans laquelle se poursuivent l'élaboration et la transmission des formes de connaissance et de savoir-faire qui assurent à l'homme une relative compréhension de sa situation et une relative maîtrise de son environnement. L'institution universitaire est une invention du moyen âge chrétien. On ne peut oublier qu'elle a été, à ses origines, et pendant toute une partie de son histoire, portée par des communautés suscitées par l'Église ou en tout cas patronnées par elle, et, pour une part importante, par des communautés proprement religieuses. La laïcisation des temps modernes, qui va dans le sens d'une maturation de la culture et en même temps dans le sens d'une purification de la foi, doit évidemment être reconnue dans sa positivité; il ne peut être question de se retourner vers le passé avec nostalgic. Mais il y a, dans ces origines, comme un indice très révélateur d'une solidarité profonde entre la foi chrétienne et l'effort de la raison: ce qu'il nous révèle demeure pleinement actuel, encore que nous ayons à repenser cette solidarité conformément aux caractères propres de notre temps.

La naissance de l'université a coïncidé avec un approfondissement spéculatif de la foi chrétienne d'une part, avec une reprise des dimensions cognitives de la culture antique d'autre part. Il n'est pas étonnant que la recherche intellectuelle, à cette époque, se soit organisée sous l'égide de la théologie et en quelque sorte sous sa garantie. C'est la vision de la foi, en effet, telle qu'elle était exprimée conceptuellement dans la théologie, qui justifiait l'effort de la raison et assurait l'accord entre connaissance

* Texte du discours prononcé à Lyon le 19 avril 1977, à l'occasion du centenaire des Facultés Catholiques du Lyon.

naturelle et connaissance surnaturelle. C'est un seul et même Dieu qui se manifeste dans la création et se révèle dans l'Écriture et dans la Tradition. L'intelligence humaine, dont la vocation est d'aller à la rencontre de Dieu, doit donc opérer sur un double registre : d'une part, s'appuyant sur ses puissances propres, elle doit s'efforcer de connaître de mieux en mieux et de comprendre de plus en plus profondément le monde visible, tel qu'il se montre à nous dans l'expérience, et, d'autre part, s'appuyant sur les lumières de la foi, et mettant ses énergies naturelles au service de celle-ci, elle doit scruter les vérités révélées afin d'en comprendre autant qu'il est possible l'économie interne, d'en développer le contenu avec la plus grande rigueur possible, et donner ainsi à la foi de faire valoir dans toute leur ampleur ses requêtes internes d'intelligibilité. Entre ces deux dimensions de la recherche, il ne pouvait pas y avoir de contradiction ; bien plus, elles devaient nécessairement s'accorder dans une véritable complémentarité, dont la théologie fournissait d'ailleurs les raisons.

Nous savons de mieux en mieux aujourd'hui, grâce aux recherches qui se poursuivent sur l'histoire des sciences au moyen âge, que l'idée d'un savoir empirique a été présente et active dès le début de la renaissance culturelle qui a préparé l'apparition des universités, et que l'esprit scientifique, tel que nous l'entendons aujourd'hui, a ses racines dans les couches les plus profondes de la culture médiévale. Le sens chrétien de la création ne pouvait d'ailleurs pas ne pas entraîner les esprits dans le sens d'une investigation directe et minutieuse des réalités visibles, telles qu'elles se donnent empiriquement. Et le vigoureux réalisme dont témoigne si éloquemment l'art médiéval, – si intellectuel, en un sens, dans la rigueur de ses constructions, mais en même temps si proche de la nature dans son traitement des proportions, dans sa connaissance des matériaux, dans son décor et son iconographie, – devait certainement avoir sa contrepartie dans le domaine de la connaissance. Cependant, il reste vrai que la priorité était donnée aux formes spéculatives du savoir, ce qui explique le rôle qu'ont pu jouer les disciplines du commentaire, de l'argumentation, de la dispute, et aussi de la systématisation conceptuelle.

L'université coutemporaine est entièrement dominée par le modèle intellectuel qui s'est élaboré et consolidé à la faveur du développement de la science moderne de la nature. L'essentiel de la méthode scientifique moderne réside dans une interaction étroitement concertée entre la représentation mathématique et le contrôle empirique, combinant ainsi une inspiration d'ordre rationaliste, qui fait crédit au pouvoir de l'instrument mathématique, considéré comme capable de fournir des schématisations relativement adéquates de la réalité, et une inspiration d'ordre empiriste, qui fait reposer en définitive tout l'édifice de la connaissance sur la connaissance sensible, et considère que c'est à l'expérience empirique qu'appartient le verdict ultime sur la valeur de nos constructions intellectuelles. Certes, le développement des sciences humaines pose des problèmes épistémologiques tout à fait spécifiques. On ne peut sans doute les ramener purement et simplement au schéma conceptuel et méthodologique des sciences de la nature. Et du reste leurs méthodes propres se cherchent encore. Mais on ne peut nier que l'idée générale de scientificité, telle qu'elle fonctionne de fait dans le domaine des sciences humaines, est inspirée de ce qui s'est dégagé de l'évolution des sciences de la nature, même s'il apparaît aujourd'hui que cette idée est probablement susceptible de réalisations fort diverses, peut se traduire par des critères relativement variés, et doit en tout cas être détachée des conditions très particulières qui caractérisent les sciences de la nature et leur mode propre de conceptualisation. Par ailleurs, la philosophie ne paraît pas avoir perdu son audience. On peut constater que l'activité philosophique garde une place importante dans la culture contemporaine, et même que les problèmes philosophiques retiennent de plus en plus l'attention, surtout à travers les interrogations éthiques auxquelles nous contraignent les progrès mêmes qui ont été réalisés grâce au développement des sciences. Mais il faut remarquer en même temps que la philosophie contemporaine a été profondément marquée par l'esprit scientifique, et que ses méthodes se sont élaborées par référence à celles de la science : certains courants philosophiques, comme l'existentialisme, ont tenté d'élaborer une «méthodologie de l'invérifiable», prenant ainsi radicalement leurs distances à l'égard de l'approche scientifique, – d'autres, comme la phénoménologie, ont tenté, au contraire, d'élaborer une méthode d'analyse qui permettrait à la philosophie de se présenter comme «science rigoureuse» ; – d'autres, comme le positivisme logique, ont voulu faire de la philosophie une discipline de caractère franchement scientifique, mais au niveau d'une méta-théorie du langage scientifique ; – d'autres encore, comme certaine courants récents de la philosophie analytique, tentent d'utiliser les méthodes de formalisation en vue d'élaborer une véritable «philosophie scientifique» (qui ne soit pas simplement une méta-théorie mais qui soit capable de reprendre, au niveau d'une analyse rigoureuse, les thèmes classiques de la philosophie traditionnelle).

Et la théologie, de son côté, a suivi une évolution très analogue. Sans doute ne paraît-elle pas avoir été tentée de se constituer elle-même sur le mode d'une «théologie scientifique». Elle a au contraire pris de mieux en mieux conscience de ce qui la sépare d'un savoir de type opératif, en prise directe sur la réalité empirique. Mais elle a été profondément marquée par le développement de certaines disciplines qui, à des titres divers, relèvent de l'esprit scientifique moderne, comme l'histoire, l'herméneutique, l'analyse du langage, la théorie des idéologies, la psychologie et en particulier la psychologie des profondeurs. Et elle a été influencée en même temps par les transformations qui ont affecté la philosophie, et qui sont elles-mêmes, comme on vient de le rappeler, dues, en grande partie en tout cas, à l'évolution de la science et aux questions critiques que celle-ci a amené la philosophie à se poser. En particulier, l'idée selon laquelle la philosophie n'est pas à proprement parler un « savoir », mais plutôt une méthode d'élucidation, – idée que l'on trouve, sous des formes d'ailleurs très différentes, aussi bien dans le courant existentialiste que dans le courant analytique, et qui résulte d'une prise de conscience critique de l'interrogation philosophique face à la connaissance scientifique, – induit dans le domaine de la théologie une réflexion qui est amenée à remettre en cause certaines des présuppositions épistémologiques qui étaient à la base de ses systématisations classiques, et qui cherche à mieux définir la spécificité proprement herméneutique d'une discipline essentiellement liée à une attestation qui relève de la foi.

On peut donc dire que c'est l'esprit scientifique, tel qu'il s'est constitué dans la période contemporaine sous l'influence du développement des sciences de la nature, qui domine aujourd'hui l'université, et que les valeurs dont celle-ci s'inspire, dans sa pratique comme dans la définition de ses finalités, sont fondamentalement celles qui sont portées par la recherche scientifique, de façon explicite ou implicite. Cependant, l'université n'est pas, dans les sociétés modernes, la seule institution qui poursuit le développement de la connaissance scientifique. On ne peut même plus dire, – à supposer que la distinction entre «recherche fondamentale» et «recherche appliquée» ait encore un sens précis, – qu'elle est la seule institution pratiquant la recherche fondamentale. Mais on ne peut oublier que l'université, conformément d'ailleurs à ce qu'elle a été dès le début, est une institution qui se charge d'assurer la transmission aux jeunes générations des valeurs et des pratiques liées à la recherche intellectuelle. Dans la mesure où l'exercice de certaines professions présuppose la maîtrise d'un certain domaine de connaissance et aussi d'un savoir-faire à base scientifique, l'université est dès lors amenée à être aussi, à tout le moins dans une certaine mesure, une école de préparation professionnelle. Elle n'est cependant pas la seule institution qui assure la formation professionnelle à base scientifique, même au niveau supérieur. Et elle n'est même plus la seule institution qui assure la formation des chercheurs. Son originalité se trouve peut-être dans la manière dont elle réalise l'articulation entre formation et recherche. D'une part, en principe en tout cas, la formation qu'elle dispense ne consiste pas en la simple transmission d'un «savoir», mais essentiellement en la transmission d'un «savoir-faire», au sens d'une initiation à l'esprit et aux méthodes de la recherche. Il n'est évidemment pas possible de s'initier à une discipline sans acquérir un assez vaste bagage de connaissances, qui corresponde à une sorte de synthèse de l'acquis. Il faudrait, pour bien faire, que ceux qui se forment dans une discipline puissent être menés jusqu'au point où ils pourront à tout le moins comprendre ce qui est en cause dans les problèmes qui font l'objet des recherches en cours, qui définissent ce qu'on pourrait appeler le «front de la recherche» à un moment donné. Ceci ne représente d'ailleurs qu'une exigence minimale: une initiation complète doit conduire jusqu'au point où l'on est capable non seulement de comprendre ce qui se passe, mais aussi de prendre part éventuellement à l'activité de recherche. De toute façon, en tout cas, la formation doit être conduite de manière à faire saisir les mécanismes intellectuels et la logique interne des pratiques effectives qui sous-tendent l'acquisition des connaissances. Il faut non seulement faire saisir le fonctionnement de l'acquis, mais aussi faire comprendre comment on en est venu à découvrir cet acquis, et pourquoi celui-ci a pris la forme sous laquelle il se présente en fait. Or, cela suppose que la fonction d'enseignement soit étroitement associée à la fonction de recherche. Il faut que, même au niveau de la première initiation, les étudiants soient mis en contact avec des personnes pratiquant la recherche dans les divers domaines qui doivent être couverts par cette initiation. En sens inverse, le travail de recherche a tout à gagner à s'effectuer en symbiose avec la fonction d'enseignement. On ne peut exposer convenablement les bases d'une discipline sans procéder à un vigoureux effort de synthèse, qui doit être refait périodiquement pour tenir compte des nouvelles acquisitions et des remaniements conceptuels intervenus, et sans s'interroger critiquement sur les présuppositions de la discipline, ses méthodes, la portée exacte de ses résultats, les difficultés auxquelles elle se heurte.

Par ailleurs, cette liaison entre enseignement et recherche ne peut être convenablement assurée que s'il y a un contact suffisant entre disciplines, et s'il y a une attention suffisante à ce qu'on pourrait appeler la dimension des fondements. Une véritable formation n'est guère compatible avec une spécialisation étroite; pour s'initier de façon profonde à une discipline, il faut avoir une ouverture sur d'autres disciplines, non seulement sur celles qui peuvent intervenir à titre instrumental dans la discipline en question, mais aussi sur des disciplines éventuellement éloignées, qui peuvent contribuer à faire découvrir d'autres méthodes, d'autres formes de conceptualisation, d'autres critères de rigueur, d'autres mécanismes de preuve. La culture de l'esprit est faite de la multiplicité des points de vue avec lesquels on a pu se familiariser. Dans le domaine de la connaissance, comme dans celui de l'art, la valeur d'un travail tient à la fois à la perfection avec laquelle est manié un instrument spécifique, et à l'amplitude de la vision qui l'inspire. Or, cette largeur de vision est conditionnée par la richesse de l'expérience ou la variété des perspectives. Et, d'autre part, une initiation vraiment soucieuse de faire saisir les motivations, les modes de cheminement, la vie concrète des démarches qui ont produit l'acquis, doit nécessairement se préoccuper de remonter jusqu'aux fondements d'une discipline, c'est-à-dire à ses présuppositions, ontologiques et épistémologiques, à ses concepts et hypothèses de base, à ses méthodes caractéristiques, à ses idéaux implicites. La démarche scientifique est essentiellement de nature critique : elle soumet ses propres méthodes à une procédure constante d'évaluation, qui lui permet d'ajuster de façon efficace les moyens conceptuels ou matériels dont elle se sert, aux objectifs qu'elle poursuit. Mais l'approfondissement critique mène inévitablement à des problèmes de nature philosophique; une véritable culture scientifique ne peut ignorer de tels problèmes, ni les méthodes de réflexion et d'analyse qui permettent de les aborder de façon systématique.

Or, précisément la tradition de l'université la met en mesure de répondre à cette double exigence, et d'assurer ainsi de façon optimale l'interaction entre enseignement et recherche. Une des idées de base de l'institution universitaire est bien, en effet, de regrouper en un même ensemble organique les différentes disciplines, ce qui se traduit sur le plan organisationnel par l'articulation en facultés ou en départements. Et une autre de ses idées de base est de maintenir un lien étroit entre les diverses dimensions particulières de la recherche et la problématique des fondements. Ces deux idées sont d'ailleurs liées: c'est en définitive par le biais des questions fondationnelles que les différentes disciplines peuvent réellement communiquer, de telle sorte que l'exigence d'ouverture réciproque implique de façon nécessaire l'exigence d'une conscience critique radicale. Il y a du reste ici un critère qui permettrait peut-être de caractériser la recherche de caractère fondamental : c'est une recherche qui reste en interaction active avec ses propres présupposés fondationnels, qui, à ce titre, reste perpétuellement préoccupée de la problématique philosophique qui la sous-tend ou qu'elle suscite. Or, c'est précisément au niveau de ces présuppositions fondamentales que se situe la source en laquelle la recherche scientifique puise son dynamisme. Une recherche qui perdrait le contact avec cette source, ou même simplement deviendrait inconsciente de ce qui la porte, serait bientôt condamnée à la stérilité. Dans les moments de crise, où une discipline rencontre des obstacles ou des limites, et doit se restructurer de façon plus ou moins radicale pour se relancer en avant, c'est toujours grâce à un retour aux fondements que les difficultés peuvent être surmontées, et que de nouvelles voies peuvent s'ouvrir.

Mais s'il est vrai que la double exigence d'organicité et de réflexion critique donne à l'interaction entre enseignement et recherche toute sa fécondité, en sens inverse, on peut dire que cette interaction aide très efficacement la recherche à satisfaire à cette double exigence. Cela résulte de la manière même dont, comme on l'a rappelé, doit s'organiser un enseignement qui entend initier à l'esprit de la recherche et pas seulement à ses résultats.

S'il en est ainsi, on pourra conclure que l'université constitue, dans les sociétés modernes, l'institution qui assume de la façon la plus complète et la plus radicale le destin de la raison scientifique, grâce à l'interaction qu'elle assure entre la recherche et l'enseignement, dans la double préoccupation d'une articulation organique des disciplines et d'une mise en perspective critique fermement appuyée sur la problématique des fondements. Le type de service que l'université est appelée à rendre à la société est déterminé par ce qui fait sa spécificité. Les sociétés modernes se sont construites de plus en plus consciemment dans une optique qui est définie par le projet général de la rationalité, et. au point où elles en sont arrivées, elles ne peuvent continuer à fonctionner de façon satisfaisante que grâce à un effort accru de rationalité. Une grande partie de la technologie est commandée aujourd'hui par des connaissances à bases scientifiques. Et, d'autre part, la gestion des affaires humaines prend de plus en plus une allure volontariste. Sans doute dominons-nous encore très mal les conditions de la vie collective; les mécanismes que nous avons nous-mêmes mis en place, ou dont nous avons indirectement provoqué l'apparition, échappent, en tout cas en partie, à notre contrôle. Mais nous considérons comme allant de soi que nous n'avons pas à nous abandonner au jeu des causes naturelles, mais que nous pouvons et devons nous mettre en mesure d'orienter consciemment et délibérément la vie sociale, selon ses différentes composantes, dans la direction des fins que nous jugeons convenables et dignes de l'homme. Bien entendu, il subsistera sans doute toujours une part d'irrationalité et de contingence dans les affaires humaines, mais, en principe, la possibilité d'une maîtrise réelle des conditions, c'est-à-dire d'une adaptation réfléchie des moyens aux fins, nous paraît aujourd'hui une possibilité réelle, et nous avons même le sentiment qu'il y a une sorte d'obligation à la faire passer dans le domaine de ce qui est effectivement réalisé. Or, cela suppose une connaissance très approfondie des phénomènes qu'il s'agit de contrôler, et une imagination pratique capable d'inventer les moyens institutionnels propres à donner à l'action collective la maîtrise effective de ses conditions. Cela suppose donc un effort de recherche. Mais cet effort lui-même suppose un type de formation, une discipline intellectuelle, une tournure d'esprit qui correspondent précisément aux démarches caractéristiques de la méthode scientifique.

Il est certain qu'un excès de rationalité ne pourrait conduire qu'à une société en quelque sorte entièrement mécanisée, qui serait tellement absorbée par son propre fonctionnement et son auto-régulation qu'elle en viendrait à oublier ses fins. La rationalité entendue au sens strict de la rationalité scientifique est un cadre beaucoup trop étroit pour une vie humaine équilibrée, et nous nous rendons bien compte que notre culture souffre d'un rétrécissement des perspectives, attribuable à une domination trop exclusive de la mentalité scientifique. Or, les questions éthiques, qui relèvent en définitive des finalités, s'imposent aujourd'hui à nous, – on l'a déjà rappelé, – de manière particulièrement aiguë, en raison même de la puissance et de l'efficacité des moyens que nous avons créés. Si l'on réduit la raison à la seule raison scientifique, la détermination des finalités et la réflexion éthique tombent en dehors du champ de la rationalité, et deviennent un domaine incertain, où ne pourraient jouer que des facteurs tels que le sentiment, ou l'intérêt, ou la force, ou le hasard. Mais il faut sans doute une vision plus audacieuse et plus vaste de la raison. Si la méthode scientifique, caractérisée par le va-et-vient entre le formel et l'empirique, constitue un modèle particulièrement efficace de rationalité, elle n'épuise pas les possibilités de la raison. Nous devons penser à un rationalisme élargi, capable de s'ouvrir à une perspective de totalité, de penser l'existence humaine selon son sens, de fonder une éthique vraiment réfléchie et de peser les fins selon des raisons. Or, cette exigence rejoint ce qui a été dit des préoccupations fondationnelles ; dans la mesure où les sciences sont amenées à réfléchir sur leurs propres constructions et leurs propres méthodes, elles rejoignent, de par leur propre mouvement, un domaine de pensée qui déborde le champ étroitement limité où elles opèrent, elles s'ouvrent ainsi, – à travers la mise en cause de leurs propres présuppositions, – à une raison plus vaste, qui ne peut être vraiment opérative que si elle réussit à s'inscrire dans un horizon englobant. C'est par son effort pour s'ouvrir à un tel horizon englobant et pour s'adapter à sa sollicitation, que la raison philosophique s'est définie tout au cours de son histoire. Cependant, l'attention à l'englobant, la réflexion sur les finalités, ne dispensent nullement de la tâche analytique que seule la raison proprement scientifique est capable d'assumer avec succès. L'idée d'une maîtrise sur les conditions passe par la discipline cognitive et opérative qu'a élaborée et ne cesse de perfectionner la pratique scientifique. Il faut donc, à la fois, la rationalité propre à cette pratique, qui permettra de répondre aux questions du «comment», et la raison élargie qui doit permettre de répondre à la question «en vue de quoi?». Il faut, à la fois, les disciplines du rationnel et la réflexion sur le raisonnable.

Et, d'autre part, si l'on veut éviter une évolution qui irait dans le sens de la technocratie, il faut que tous les membres de la collectivité puissent acquérir une culture telle qu'ils soient à tout le moins en mesure de comprendre les problèmes posés, les solutions proposées, les enjeux véritables, la portée des choix à opérer, qu'ils soient aussi capables de se faire une opinion fondée sur les fins à poursuivre et sur l'appropriation des moyens par rapport aux fins. Cela n'implique nullement que chacun reçoive une formation scientifique, doublée d'une formation philosophique. Mais cela implique qu'un effort suffisant de diffusion et d'adaptation soit entrepris et soutenu pour que les principes de base, les idées directrices, les visions inspiratrices de la culture scientifique soient rendus accessibles à tous, et aussi pour que tous disposent des instruments de réflexion suffisants pour apprécier correctement les exigences du raisonnable. On pourrait parler d'une culture de la rationalité, en y incluant, à la fois, la dimension du rationnel et celle du raisonnable. On ne peut certes pas ramener toute la culture à ces deux dimensions ; à côté des valeurs de rationalité, il y a celles de l'intuition, du sentiment, de la croyance, de la sensibilité, de la rencontre, de la poésie, de la célébration. Et c'est sans doute dans ces valeurs-là que doivent s'enraciner en dernière instance les convictions éthiques et donc les opinions relatives aux fins. Mais il n'en reste pas moins qu'une réflexion est nécessaire pour donner en quelque sorte aux convictions la consécration de l'universalité, les accompagner de leurs justifications, leur permettre de rendre compte d'elles-mêmes, de s'exposer à la discussion, de faire valoir leur bien-fondé, et, en fin de compte, de se juger elles-mêmes.

Les sociétés modernes se sont donné un appareil technologique qu'elles n'arrivent plus très bien à maîtriser. Or, il n'est pas question de revenir en arrière; même si on l'estimait souhaitable, ce serait de toute façon impossible. Il faut assumer jusque dans leurs ultimes conséquences les choix qui ont été faits, plus ou moins inconsciemment sans doute, au moment où a commencé l'essor de ce qu'on appele la société industrielle. Or, on ne pourra rencontrer avec quelque chance de succès et dans une perspective humainement satisfaisante les défis qui sont ainsi posés, que par un immense effort d'investigation, d'invention pratique (à la fois technologique et institutionnelle) et de réflexion. Une culture de la rationalité est indispensable. Et il faut qu'elle soit le fait de tous. Ce qu'on doit lui demander c'est de ne pas être exclusive, de rester totalement critique à l'égard d'elle-même, d'être consciente de ses limites, de rester toujours ouverte à l'égard des autres dimensions de la culture et des sources profondes qui, en-deçà des requêtes de la rationalité, commandent, en définitive, la connaissance aussi bien que les choix de valeurs, et en lesquelles, en définitive, l'existence humaine puise son sens.

Ce que l'université peut et doit apporter, dans ce contexte, c'est précisément tout ce qu'elle peut mettre au service d'une culture de la rationalité à la fois efficace et pleinement consciente de ses limites. L'université ne peut évidemment pas assumer à elle seule l'effort de la rationalité, même au niveau de la recherche. Elle ne peut pas non plus assumer entièrement la tâche de formation que requiert la diffusion nécessaire des connaissances et des savoir-faire à l'ensemble de la collectivité. Ce qu'elle paraît pouvoir assumer en propre, de par ses traditions et son mode de fonctionnement, c'est, comme on l'a suggéré, la dimension fondamentale de la recherche intellectuelle, ce qui lui donne son dynamisme constitutif, ce qui lui permet de se maintenir vivante et de se renouveler sans cesse. Et, d'autre part, par le fait que sa vocation propre l'appelle à demeurer attentive aux problèmes fondationnels et par le fait même à rester vigilante sur le plan critique, elle a de quoi assurer, à la fois, la relance incessante de l'esprit de recherche et la conscience vive des limites de la rationalité. Elle paraît donc appelée à servir en quelque sorte d'institution-source par rapport à la culture de la rationalité. Ce qui exige de sa part, sur le plan concret, des initiatives multiples : elle doit, à la fois, entretenir la recherche fondamentale dans les principaux domaines du savoir, et maintenir un lien vivant entre la pratique des diverses disciplines et la problématique des fondements ; – contribuer, selon ses moyens, aux efforts de recherche qui sont appelés par les problèmes qui se posent au plan pratique, tant dans le domaine technologique que dans le domaine de la vie sociale ; – former une partie des futurs chercheurs ; – assurer les formations professionnelles qui sont étroitement liées à la culture scientifique ; – contribuer, à la fois par des interventions directes et par l'intermédiaire de la formation qu'elle dispense, à assurer la diffusion des connaissances et savoir-faire de base qui est requise pour que s'instaure une véritable culture de la rationalité.

Si telle est la mission de l'université en général, celle de l'université catholique est d'assurer la rencontre entre la foi chrétienne et la recherche intellectuelle, considérée dans ses sources et son dynamisme profond. Or, une rencontre est faite d'un double mouvement : il doit y avoir, dans l'université catholique, un mouvement qui va de la foi vers la recherche, et un mouvement qui va de la recherche vers la foi. Il s'agit, d'une part, d'éclairer la recherche, à la lumière de la foi, quant à son sens, à sa destination véritable, à sa grandeur propre et aussi à ses périls, à ses ambiguïtés et à ses limitations, et il s'agit, d'autre part, d'aider la foi, grâce à une confrontation soutenue avec l'effort de la rationalité, à mieux se comprendre elle-même dans ses articulations internes, à mieux saisir son irréductible originalité, à mieux découvrir aussi, au contact de ce que la recherche lui apprend du monde, de ses sollicitations et de ses attentes, tout ce qu'elle implique concrètement par rapport aux situations présentes et aux urgences qu'elles manifestent. Si cette rencontre est appelée à s'effectuer, ce n'est pas par une sorte de hasard historique, ou en raison d'un souci qui serait seulement apologétique ou apostolique, c'est en raison d'une exigence profonde qui vient de la foi elle-même. L'université catholique peut, certes, donner le témoignage d'une communauté croyante engagée de la façon la plus sincère et la plus totalement honnête dans la recherche intellectuelle, ce qui peut avoir valeur apologétique. Elle peut aussi, en tant que communauté, donner un témoignage de vie chrétienne authentique, ce qui peut avoir valeur apostolique. Elle peut d'ailleurs aussi constituer pour ses membres un milieu favorable, apte à soutenir leur expérience chrétienne. Mais là n'est pas sa spécificité, ni sa motivation profonde. Celle-ci réside dans l'appel qui, de l'intérieur de la foi, s'adresse à la raison humaine. Certes la foi, bien qu'elle comporte une dimension cognitive, ne se réduit nullement à n'être qu'une forme de connaissance. Ce qu'elle donne à connaître est enveloppé dans un mouvement de reconnaissance et d'adhésion, qui n'est pas seulement acceptation d'une vérité qui se donne à voir mais assomption active, ratification vécue de tout ce qui est impliqué concrètement, au niveau des attitudes les plus profondes comme au niveau des gestes les plus extérieurs, par l'annonce de l'Évangile, la présence parmi nous du Royaume de Dieu, la vie, la mort et la résurrection de Jésus. La foi est donc inséparable de l'espérance et de la charité. Mais s'il en est ainsi, c'est bien qu'elle est ouverture à une réalité, la réalité du Royaume de Dieu, du mystère de Dieu révélé en Jésus-Christ, de la vie éternelle. Tout ce qu'elle doit et tout ce qu'elle fait a pour sens de rendre manifeste cette réalité, de faire qu'elle soit vraiment présente et vivante au milieu des hommes. Or, cette réalité, bien qu'elle comporte une dimension de mystère, n'est pas opaque à la compréhension. On ne voit du reste pas ce que pourrait signifier une révélation qui serait incompréhensible. Le mystère est du sur-intelligible, non de l'infra-intelligible. Cela signifie qu'il se donne à comprendre, mais en même temps comporte toujours un excès par rapport à tout effort de compréhension, excès qui n'est pas une sorte de limite infranchissable au-delà de laquelle il n'y aurait plus que le non-compréhensible, mais plutôt comme un espace infini, ouvert devant l'effort de la compréhension et appelant celui-ci à s'approfondir sans relâche. Or, l'instrument en nous de l'intelligibilité, c'est la raison. La foi est par elle-même lumière, elle fait voir ce qu'elle annonce. Mais son acte propre d'illumination ne se superpose pas à notre faculté naturelle de vision, elle en assume plutôt l'opération dans son mouvement propre, elle enveloppe de sa propre efficacité l'acte par lequel la raison tente de s'accorder à l'intelligible. La foi ouvre l'être humain à une réalité qui le dépasse, mais en mobilisant pour ainsi dire toutes ses puissances, afin de se servir de leurs ressources propres dans la nouvelle vision et la nouvelle vie qu'elle instaure. La foi, pourrait-on dire, a besoin de la lumière naturelle de la raison pour que l'illumination qu'elle procure à l'esprit puisse trouver son effectivité, pour que sa motion saisisse efficacement l'être même de l'homme.

Mais il faut aussitôt préciser que cet appel à la raison prend une double forme. D'une part, la foi comporte une exigence d'intelligibilité dans son contenu même. C'est cette exigence qui fonde la tâche de la théologie, et invite celle-ci à mettre à profit, au service de sa propre mission, toutes les ressources qu'elle peut trouver dans les instruments de la rationalité, qu'ils soient d'ordre philosophique ou même d'ordre scientifique. Les transpositions de l'analogie doivent évidemment jouer leur rôle, mais en principe rien de ce qui appartient à l'ordre du concept n'est sans valeur pour la construction qui doit être entreprise. Mais, d'autre part, la foi comporte aussi une exigence de compréhension à l'égard de la réalité visible et naturelle, à laquelle la raison est immédiatement accordée. Elle demande à s'instruire du monde et de l'homme, de la nature et de l'histoire, des architectures cosmiques comme des profondeurs de l'âme humaine. Car le Royaume qu'elle annonce, tout en n'étant pas de ce monde, est appelé à se manifester en ce monde, et concerne au plus intime la destinée de ce monde. Le salut qu'elle apporte concerne l'humanité telle qu'elle est, dans sa réalité la plus concrète, et, à travers elle, le *cosmos* tout entier, dans son être effectif. Il n'est donc pas possible de comprendre vraiment ce que signifie le salut, et de découvrir tout ce qu'il implique au niveau de ce qui est à faire, en l'absence d'une compréhension profonde de ce qui est à sauver, de cette réalité qui est appelée à être assumée et transformée, et qui est d'ailleurs don de Dieu tout aussi bien que le salut lui-même. De ce point de vue, la foi appelle la recherche, dans toutes ses dimensions, et ajoute au sens que revêt la recherche au regard de l'intelligence humaine, un sens supplémentaire qui se révèle précisément dans la vision que nous donne la foi de la tâche humaine.

Le sens chrétien de la recherche, qui s'enracine ainsi dans une exigence interne de la foi, se précise d'ailleurs à la lumière des dogmes chrétiens les plus fondamentaux. La recherche relève de l'effort rationnel, certes, mais elle n'acquiert toute sa force que lorsqu'elle est sous-tendue par une passion de l'esprit qui est faite, à la fois, d'admiration pour la réalité et de désir de vérité. Or, ce sens admiratif pour ce qui est, la foi en donne le véritable fondement lorsqu'elle nous fait voir le monde comme œuvre de Dieu et participation à sa plénitude. Mais, de façon réciproque en quelque sorte, la raison humaine, dans son effort pour comprendre de mieux en mieux l'architecture du monde et tous les mécanismes qui sous-tendent les phénomènes visibles, fournit à la foi comme une illustration de plus en plus éloquente de ce que signifie concrètement la création.

D'autre part, en nous faisant mieux connaître la réalité de l'homme et du monde, la recherche nous aide aussi à mieux saisir la portée de l'Incarnation, non pas, sans doute, dans sa dimension proprement théandrique, mais, pour ainsi dire, dans son contenu humain et cosmique, du côté de cette nature humaine qui est assumée par et dans la personne du Verbe. Et en nous faisant mieux saisir l'articulation de l'homme et du *cosmos*, elle aide la foi à comprendre comment, en prenant la condition humaine, le Christ assume en sa personne l'univers entier, en quel sens par conséquent il nous faut penser le Christ aux dimensions mêmes du *cosmos*, dont la science moderne nous dit l'immensité. Et enfin, en nous faisant découvrir les contradictions inhérentes à la réalité, et surtout à la réalité humaine, mais aussi le puissant dynamisme qui emporte la réalité tout entière dans un immense mouvement créatif, vers des formes de plus en plus hautes d'intégration, d'autonomie et d'opérativité, la recherche nous prépare à entendre ce que la foi nous dit de la rédemption. Non pas qu'elle nous fasse saisir directement la réalité du mal, – elle ne peut tout au plus en atteindre que des indices, – et encore moins la réalité du salut. Mais elle nous montre un univers en attente, tendu par tout son être vers un accomplissement qui serait à la fois délivrance, dépassement de toutes les contradictions et de toutes les souffrances, et don en plénitude de ce vers quoi le portait son désir profond. Elle nous fait mieux comprendre comment «la création tout entière gémit et souffre les douleurs de l'enfantement».

Cependant, ce n'est qu'en s'ouvrant à ce que la foi nous fait voir que la recherche acquiert toute sa vertu révélante. Il faut la confession, dans la foi, de la création, de l'incarnation et de la rédemption pour que l'apport de la recherche trouve en quelque sorte sa consécration, pour que ce qui nous était d'abord apparu seulement comme vérité rationnelle, au moins inchoative, nous apparaisse comme éclairement partiel, du point de vue de la réalité visible, de ce qui est attesté dans la foi au sujet de l'économie divine du salut.

La vocation de l'université catholique est une vocation de service. Assumer la recherche intellectuelle et le destin de la raison dans la vie de la foi, c'est, de façon nécessaire, s'inscrire dans l'effort par lequel l'humanité tente, dans ses pratiques comme dans sa compréhension d'elle-même, de construire une forme de vie digne de l'exigence mystérieuse qu'elle porte en elle, et dont on peut dire qu'elle est un vœu de libération. La réalisation de ce vœu, qui est comme l'appel que la liberté s'adresse à elle-même à travers la recherche et l'action, passe par la maîtrise des conditions, matérielles et sociales, mais elle comporte davantage: ce vers quoi elle tend, ce n'est pas seulement, de façon en quelque sorte négative, l'émancipation, au sens de la philosophie des Lumières, mais, de façon postive, la réciprocité réelle des consciences, l'instauration d'un règne de l'esprit. L'université catholique doit être au service du monde; cela signifie qu'elle doit assumer ce vœu de la liberté, qui n'est pas extérieur à celui de la raison, qui en est au contraire l'âme la plus secrète, et tendre toutes ses énergies pour que ce vœu aille vraiment jusqu'au bout de lui-même, pour que le mouvement qu'il inspire ne s'arrête pas trop tôt, pour qu'il ne se ferme pas sur des réalisations partielles et déficientes, qui ne seraient que des caricatures de la liberté et ne tarderaient pas à se transformer en idoles. Or, de par la situation même qu'elle occupe au point d'articulation entre la vie de la foi et celle de l'intelligence, l'université catholique est appelée à accomplir sa mission de service de deux manières. D'une part, en participant avec toutes les autres universités à l'effort de recherche, elle apporte une contribution directe à l'entreprise humaine. Et, d'autre part, en tant que cellule d'Église, elle apporte à celle-ci des instruments d'analyse, de compréhension et d'évaluation qui lui permettront d'assumer plus efficacement, en tant qu'Église, la tâche que sa vocation surnaturelle lui enjoint d'assumer au milieu du monde, au service des hommes et de leur libération véritable.

Mais il faut bien se rendre compte que les moyens de l'université catholique sont limités, parfois même dramatiquement limités, que, par conséquent, des choix s'imposent inévitablement à elle. L'idéal sans doute est qu'elle puisse assumer pleinement la tâche pluridisciplinaire de l'université, qu'elle puisse donc se présenter comme une université complète, mettant en contact les principales disciplines rationnelles entre elles et assurant en même temps l'interaction nécessaire entre la théologie et ces disciplines. Mais cet idéal n'est pas toujours réalisable. Les choix qu'il faut opérer lorsque l'université catholique ne peut prendre en charge toutes les grandes disciplines, – et qu'il faut du reste aussi nécessairement opérer même dans le cas des universités complètes, car on ne peut jamais tout assumer, – doivent s'inspirer d'une double préoccupation qui découle immédiatement de l'idée de base qui vient d'être rappelée. D'une part, il faudrait qu'il y ait, dans l'université catholique, une participation effective à la recherche, non seulement au niveau des disciplines théologiques et philosophiques, mais aussi au niveau des disciplines scientifiques, ne fût-ce que sous la forme de certains projets limités. Il semble bien, en effet, que la présence effective de la recherche scientifique soit un caractère indispensable de l'université moderne. Et les disciplines théologiques et philosophiques ont absolument besoin, aujourd'hui, d'un contact direct avec certaines formes, à tout le moins, de la pratique scientifique positive. Mais, d'autre part, il faudrait que le souci d'une rencontre véritable, d'une interaction effective et constante entre la foi et la recherche demeure le souci dominant. Or, cela implique que l'on accorde la priorité à certains problèmes, qui sont particulièrement importants du point de vue de la perspective de foi, et que l'on adopte, dans l'étude de ces problèmes, un angle d'approche qui soit précisément de nature à faire apparaître au mieux leur incidence par rapport à ce point de vue de la foi.

De façon générale, on pourrait dire que, par rapport à la vocation propre de l'université catholique, le coefficient d'importance d'un problème est déterminé par son degré d'incidence sur l'avenir de l'homme. Plus précisément, les questions qu'il faut juger importantes, vont se situer là où des enjeux éthiques sont présents. Cela signifie que l'université catholique devra se préoccuper à titre prioritaire des problèmes qui engagent, à la fois, une analyse de type scientifique et une évaluation d'ordre éthique, des questions qui mettent directement en jeu la région du sens. Le moment le plus spécifique et le plus délicat des recherches concernant de tels problèmes, va naturellement se situer au point d'articulation entre l'approche technique, mono- ou pluri-disciplinaire, qui doit faire saisir de façon précise les dimensions concrètes du problème, et l'approche éthique, qui doit l'éclairer du point de vue des valeurs qui y sont engagées. Il faudrait cependant se garder de croire que l'intervention de la foi pourra, en général du moins, être directe, comme s'il suffisait, une fois qu'un problème est bien analysé, de faire appel à la foi pour avoir immédiatement une solution du point de vue éthique. Le développement même de la connaissance scientifique, et celui des techniques qui en découlent, nous obligent aujourd'hui à repenser profondément les modalités de l'approche éthique. En simplifiant quelque peu, on pourrait dire que celle-ci ne peut plus être conçue de façon exclusivement déductive, qu'en un certain sens elle doit se faire inductive. Plus exactement, la réflexion éthique doit se rendre attentive à l'émergence de valeurs dont certaines situations concrètes peuvent être le lieu. Ce qui ne veut pas dire, bien entendu, que c'est la situation qui crée la valeur. Il faut toujours l'éclairement de la conscience éthique pour que la situation se révèle dans son aspect axiologique. Et la réflexion rationnelle a pour tâche de rendre la conscience éthique aussi claire que possible à elle-même, de l'aider à saisir de façon aussi adéquate que possible, face à la situation, l'exigence de valeur et de sens qui la définit. Mais la conscience éthique elle-même est appelée à être assumée dans la foi; elle reçoit alors un approfondissement et un prolongement qui l'ouvrent à la dimension proprement religieuse où elle trouve la révélation ultime de son sens. Les figures évangéliques des paraboles et des Béatitudes et par-dessus tout la figure du Christ lui-même, telle qu'elle est apparue dans le contexte historique de la vie de Jésus et telle qu'elle a continué à se proposer aux hommes à travers la tradition chrétienne, constituent, pour la conscience éthique, des sollicitations qui l'entraînent, de l'intérieur d'elle-même, dans la direction d'une exigence de plus en plus radicale de purification, de sincérité et de générosité. En même temps qu'elle force ainsi la conscience éthique à s'assumer dans la rigueur la plus extrême de ses propres possibilités, cette exigence en annonce l'accomplissement, le dépassement et la transfiguration dans la figure de la sainteté. Par là, elle en révèle, – au-delà des ruptures et des transformations nécessaires, – la signification ultime, dans toute sa positivité. L'exigence éthique est, en définitive, la manifestation d'un appel qui vient du plus profond de l'âme humaine, qui est comme la trace en elle de sa vocation. C'est cette vocation qui confère à l'être humain son éminente dignité, qui exige qu'il soit partout et toujours traité comme une fin, jamais comme un moyen. Or, la foi chrétienne révèle cette vocation à elle-même comme appel à la filiation divine, en et par le Christ. A la dignité de l'image, attestée par la foi en la création, vient se surajouter celle de l'adoption, attestée par la foi en la rédemption. C'est au nom de l'appel qu'elle rend manifeste, que la foi chrétienne peut apporter à la conscience éthique une inspiration animatrice capable de l'ouvrir à toute l'amplitude des requêtes qui s'ébauchent en elle, et de lui donner la force d'y être fidèle. Il y a donc entre la foi et l'éthique une double médiation: d'une part, c'est par la médiation de l'éthique que la lumière de la foi peut venir éclairer les situations humaines, telles que la recherche scientifique peut nous les donner à comprendre, et, d'autre part, c'est par la médiation de la foi que la conscience éthique peut recevoir l'éclairement et la force dont elle a besoin pour donner à l'action des orientations conformes aux appels qui s'élèvent des profondeurs de l'âme et à l'infinité qu'ils révèlent.

Si l'université catholique doit se soucier primordialement de cette articulation du technique et de l'éthique, c'est sans doute parce que la foi, en même temps qu'elle nous ouvre au mystère de Dieu, nous place devant des exigences très concrètes, au niveau même du vécu, individuel et social. Mais c'est aussi parce que les problèmes les plus cruciaux auxquels notre temps est confronté, sont des problèmes d'action plutôt que des problèmes spéculatifs. La recherche désintéressée et la réflexion sont absolument indispensables, mais, en définitive, parce qu'elles sont appelées à éclairer l'action, entendue au sens large, comme l'effort par lequel l'humanité tente de se construire. Des questions d'une extrême gravité se posent à nous, au niveau le plus concret, mais il faut pouvoir en saisir les dimensions exactes, et il faut pouvoir les appréhender du point de vue des valeurs qu'elles mettent en jeu. On pourra relever ici, à titre d'exemples, quelques-unes de ces questions auxquelles les universités catholiques devraient être particulièrement sensibilisées.

L'État moderne est en principe basé sur le droit, mais, par ailleurs, il s'est donné des formes telles et a mobilisé des moyens tels que, dans bien des cas, la sauvegarde des droits de l'homme n'est nullement assurée. Pourquoi en est-il ainsi? Par quels mécanismes les droits de l'homme, proclamés en principe, en viennent-ils à être ignorés et même bafoués? Quelles formes politiques, quelles garanties juridiques faut-il concevoir pour qu'ils soient respectés et même renforcés?

Les interactions entre les différentes régions du monde, grâce aux moyens de transport et à la faveur des interdépendances économiques, n'ont cessé de s'amplifier, au point que l'on peut déjà vraiment parler d'une communauté mondiale. Mais la vie de cette communauté est régie par des rapports de force bien plus que par des rapports de droit: de profondes inégalités se sont fait jour dans la répartition des ressources, des équipements, du capital, du revenu national. Comment pourrait-on et devrait-on concevoir un ordre international véritable, fondé sur la paix et la justice, et cela tant dans l'ordre économique que dans l'ordre politique?

La médecine scientifique et le progrès technologique ont fait diminuer très sensiblement, pratiquement partout dans le monde, la mortalité infantile et accru l'espérance de vie. Mais il en est résulté un accroissement démographique qui pose un problème redoutable pour l'avenir de l'espèce humaine. Ce problème a des aspects biologiques et psychologiques, mais aussi économiques et politiques, et par-dessus tout éthiques. Quelles en sont les données exactes, dans quelle perspective éthique peut-on l'aborder, que faut-il recommander au plan de l'action?

Corrélativement à ce problème de la démographie, il y a celui des ressources. Il faut songer à utiliser de nouvelles formes d'énergie dans des conditions humainement acceptables, il faut perfectionner l'agriculture, examiner comment les océans pourraient être exploités rationnellement, se tourner vers l'invention de nouvelles technologies, plus diversifiées, qui seraient mieux adaptées aux besoins des différentes régions, qui permettraient aussi peut-être une déconcentration de l'organisation industrielle et une meilleure adaptation entre les communautés humaines et les instruments de production.

En même temps d'ailleurs, il faut aussi faire œuvre d'invention dans le domaine des méthodes d'organisation et de gestion, des modèles économiques, des relations entre les personnes et les appareils: comment concilier les exigences de participation, de prise de responsabilité, de créativité personnelle, qui découlent des exigences générales de la liberté, avec les exigences de centralisation, de contrôle, de renforcement des pouvoirs collectifs, qui découlent des exigences générales du bien commun?

Par le fait même des interactions au niveau mondial, nous sommes devenus très sensibles à la diversité des cultures. Mais, en même temps, nous nous rendons compte que les diverses traditions culturelles, dans ce qui fait leur originalité et leur différence, risquent d'être submergées par le modèle culturel basé sur la technologie moderne, qui s'étend peu à peu à toute la planète. Comment concilier les particularités culturelles, leur créativité propre, leurs propres systèmes d'évaluation, leurs sensibilités multiples, avec l'introduction inévitable, et d'ailleurs potentiellement bénéfique, des modes de production et de consommation propres à la civilisation industrielle? Il faudrait sans doute une diversification des «modèles» d'industrialisation, propre à sauvegarder le génie particulier de chaque communauté culturelle, et, en même temps, une réévaluation des catégories mentales, très largement dominées par l'universalisme abstrait du rationalisme moderne, dans lesquelles ont été appréciées jusqu'ici les différences culturelles.

En même temps que se développe l'appareil de production industriel, les populations se sont déplacées massivement des campagnes vers les villes. Le phénomène d'urbanisation a certainement de profondes implications, non seulement au niveau des formes de vie, mais aussi au niveau des équilibres psychologiques, des valeurs affectives et des dimensions spirituelles de l'être humain. Or, ces implications sont encore fort mal connues, et le phénomène d'urbanisation lui-même très mal contrôlé et fort peu maîtrisé. Comment l'appréhender correctement, comment l'orienter consciemment dans les directions qui pourraient être jugées les plus favorables?

Les sciences humaines s'efforcent d'établir leur statut de façon satisfaisante et d'élaborer des instruments d'analyse appropriés. Mais nous sommes encore très loin d'avoir une véritable compréhension des phénomènes sociaux et psychologiques qui ont été engendrés par les transformations dans lesquelles sont entraînées les sociétés contemporaines. En particulier, nous savons, tout compte fait, peu de chose sur les moyens éventuels qui peuvent être employés pour favoriser cette intégration, sur les formes optimales d'éducation, sur les formes optimales d'environnement et d'habitat, sur les conditions qui, de façon positive ou négative, influencent la vie de relation.

Dans les temps récents, les sciences de la vie ont réalisé des progrès impressionnants, et l'on entrevoit maintenant des possibilités d'intervention qui pourraient avoir des répercussions considérables sur les conditionnements biologiques de l'être humain, qu'il s'agisse d'intervention au niveau génétique ou au niveau du système nerveux central. Or, on touche là, de très près, aux sources mêmes de la vie et aux zones d'interaction entre le biologique et le psychique. La personnalité est directement concernée; des enjeux éthiques de la plus haute gravité sont en cause. Une nouvelle branche de la réflexion éthique, la bioéthique, est en train de se constituer en vue de faire face à ces problèmes. Son développement et son approfondissement appellent une recherche interdisciplinaire dont la méthodologie est encore à se chercher.

Le développement des sciences formelles et de l'informatique a conduit à la création d'une grande variété de langages artificiels. Mais, en même temps, on constate un appauvrissement du langage naturel et surtout de sa fonction symbolique, au profit de sa fonction descriptive. Or, c'est à cette fonction symbolique que se rattache la force poétique du langage, et c'est dans le langage poétique que se disent les paroles les plus profondes, celles qui concernent la vie intérieure, les convictions du cœur, la destinée de l'homme. C'est au symbole aussi que recourt la liturgie; c'est par lui que les mystères chrétiens sont rendus manifestes. Quelle est cette étonnante capacité du langage à dire l'invisible, et comment retrouver la force du symbole, dans un contexte où le langage scientifique tend à devenir le modèle dominant?

Cette dernière question doit être généralisée. Les sciences et les techniques ont ouvert à l'homme d'immenses possibilités. Et déjà elles ont produit un certain nombre de résultats fort bénéfiques. Mais on ne peut considérer science et technique comme des dimensions autonomes de l'action; les pratiques scientifiques et technologiques ne sont opérantes qu'à travers des interactions complexes avec des structures politiques, économiques, organisationnelles, qui ont leur propre pesanteur et risquent toujours de créer de nouveaux déterminismes. Les possibilités que suscite l'effort humain, risquent de se retourner contre l'homme. A tout le moins, les créations humaines risquent de devenir des barrières, de fermer les horizons de la recherche et de l'action. Il faut, sans doute, comme on l'a indiqué, que les sociétés modernes puissent s'appuyer sur une véritable culture de la rationalité, entendue en un sens suffisamment large. Mais il faut que cette culture elle-même soit animée par une inspiration qui soit capable de la porter plus loin que ses propres conquêtes, qui soit capable de la garder de ses propres tentations, de maintenir vivant l'élan qui la traverse. Il faut que l'être humain puisse rester ouvert à *toutes* les dimensions en lesquelles s'exprime son essence, il faut que reste toujours actif en lui le sens de la création, il faut qu'il puisse aller dans le sens de la plus haute créativité. C'est ici peut-être qu'apparaît de la façon la plus vive le service que la foi chrétienne est appelée à rendre à la culture humaine: parce qu'elle ne vient pas de l'homme et qu'elle l'ouvre à une réalité qui le dépasse infiniment, parce qu'elle suspend l'histoire tout entière à l'événement encoré à venir de la pleine manifestation du Royaume de Dieu, elle nous porte toujours plus loin que toutes nos œuvres, que tous nos projets, que toutes nos représentations. Elle fonde une espérance qui va plus loin que toutes nos anticipations, elle annonce un monde à venir qui est au-delà de toutes nos utopies. Nous entraînant toujours au-delà des horizons limités que l'effort humain peut s'assigner, elle donne en même temps à celui-ci toute sa portée et tout son sens, en lui révélant la vocation en laquelle il s'inscrit, et elle soutient son dynamisme propre, de la force qu'elle reçoit elle-même du don qui la constitue.

L'homme découvre de plus en plus sa créativité, mais celle-ci risque toujours de rester en deçà de ses possibilités et de s'arrêter sur son acquis. La raison s'assure de plus en plus de ses pouvoirs, mais, en même temps, elle risque de se satisfaire des systèmes, conceptuels et matériels, qu'elle a créés, et de s'enfermer dans l'horizon limité de la rationalité scientifico - technique. Et elle en vient même parfois à douter d'elle-même; nous nous rendons bien compte aujourd'hui que l'optimisme simpliste qui a dominé longtemps notre culture, doit être réévalué critiquement. La raison doit avoir assez d'audace pour oser faire confiance jusqu'au bout aux énergies qu'elle porte en elle, et bouleverser ses propres constructions. Et elle doit avoir assez d'humilité pour reconnaître qu'elle ne peut pas tout, et que son dynamisme même doit pouvoir s'alimenter à une source plus profonde. Mais la reconnaissance nécessaire des limites ne peut absolument pas signifier une sorte de démission et un abandon aux puissances de l'irrationnel, au jeu des forces et du hasard. Elle doit au contraire ouvrir la raison à une parole qui, loin de la nier, l'invite au contraire à se dépasser, dans la direction d'un surcroît d'être.

La nature même de l'université catholique, qui définit sa vocation, l'invite ainsi à être, au milieu du monde, un véritable lieu de création. Elle devrait donner le témoignage d'une confiance résolue dans les pouvoirs de l'esprit humain, et, en même temps, de cette simplicité du cœur qui se croit à la fois assez démuni et assez fort pour oser s'abandonner à toute l'amplitude de l'espérance. Elle devrait allier la patience d'une recherche rigoureuse, qui sait fort bien qu'elle ne peut procéder que pas à pas et que toute démarche reste toujours conjecturale, à l'envergure d'une vision qui sait regarder au-delà des cloisonnements méthodologiques et du particularisme des théories, pour s'accorder à l'immense mouvement qui attire l'être humain, et le *cosmos* avec lui, sans cesse en avant d'eux-mêmes. Elle devrait contribuer, pour sa part, selon ses moyens, à faire avancer le travail de la raison, et à construire les instruments de la liberté, mais en se gardant de toute ombre de prétention.

Elle sait que son effort doit s'inscrire dans celui qui se poursuit dans toutes les institutions universitaires, dont beaucoup disposent de moyens bien plus vastes que les siens. Elle sait aussi que l'activité universitaire elle-même, même prise dans sa totalité, ne représente qu'une des dimensions selon lesquelles s'exprime la créativité humaine. Elle sait donc que sa tâche doit être comprise comme une œuvre de collaboration, et assumée dans un esprit d'accueil, de partage, de solidarité et de co-responsabilité. Elle n'en a pas moins une vocation spécifique, qui est de rendre présent, au cœur même de l'effort de la raison et de l'élan qui le porte, le témoignage de la foi, de l'espérance et de la charité. Or, de ces trois choses, «la plus grande des trois c'est la charité». Ce qu'atteste la foi chrétienne, c'est que «Dieu est amour», qu'il «nous a aimés le premier» et que «nous devons aussi nous aimer les uns les autres».

L'ordre de la raison a sa grandeur. Mais il n'est pas *pour* lui-même. Il est appelé à être assumé dans l'ordre de la charité, qui le passe infiniment. Ici s'annonce une exigence suprêmement concrète: le témoignage qui nous est demandé doit être «en action et en vérité». C'est en s'efforçant chaque jour de répondre à cette exigence que l'université catholique se rendra fidèle à sa vocation, qu'elle contribuera, en tant qu'université, à rendre l'Église présente au monde qui se fait. Cette présence, c'est sa mission même : être signe, au milieu des hommes, du Royaume de Dieu.

L'Université Catholique dans le contexte d'une société démocratique et pluraliste*

La démocratie peut être envisagée d'un point de vue juridico-formel, comme une forme d'organisation de l'État basée sur la séparation des pouvoirs, sur l'institution du parlement (au sens général du terme, mais non nécessairement au sens restreint que l'on doit lui donner dans le cas des régimes de type parlementaire, dont le système anglais est le modèle par excellence), sur les élections libres, et de façon générale sur les mécanismes qui doivent assurer autant que possible au pouvoir un caractère réellement représentatif (par rapport aux opinions et à la volonté politique des citoyens). Mais les aspects formels de la démocratie, qui sont d'ailleurs susceptibles de bien des variations, ne sont que l'expression, au plan des institutions, de certaines conceptions bien déterminées sur la société et l'État, conceptions qui engagent en définitive toute une vision de l'homme. Il y a une «idée» de la démocratie dont les institutions reconnues comme démocratiques ne sont jamais que des réalisations partielles, plus ou moins adéquates, et qui est étroitement accordée à une philosophie de type personnaliste. On en retiendra ici les traits suivants, particulièrement significatifs pour le problème qui nous occupe.

1. L'idée de démocratie comporte d'abord une appréciation relativement pessimiste du pouvoir, surtout en ce qui concerne le pouvoir politique, incarné dans l'État. Le pouvoir, certes, n'est pas un mal, même nécessaire. Selon sa nature, qui est d'être ordonné au bien de la communauté comme telle et de donner à celle-ci une expression et une volonté, de lui permettre par là même d'agir en tant que communauté en vue de la poursuite de ses fins propres (qui sont celles d'une communauté de personnes et sont dès lors elles-mêmes au service du bien des personnes, en tant que celles-ci sont engagées dans une vie de société et

* Texte du discours prononcé à Salamanque le 16 novembre 1979, à l'occasion du Congrès des recteurs des Universités catholiques européennes.

sont par le fait même solidaires les unes des autres), l'État doit même être considéré comme un moyen indispensable à la réalisation de la vie de la communauté et, par là, à la réalisation du bien des personnes. Mais l'exercice concret du pouvoir peut toujours donner lieu à des abus, et l'expérience historique prouve que, par une sorte de pente naturelle (qu'il faut peut-être expliquer par la présence du mal dans l'âme humaine), l'État a tendance à renforcer autant qu'il est possible son pouvoir, à limiter corrélativement la liberté d'action du citoyen, et finalement à se prendre lui-même pour fin, identifiant ainsi le maintien et le renforcement de sa structure formelle au bien commun qu'il est destiné à servir. C'est ce qui apparaît par exemple lorsque les détenteurs du pouvoir invoquent ce qu'on appelle la «raison d'État» pour justifier des actions qui seraient considérées comme immorales si elles étaient posées par des individus. C'est ce qui apparaît avec beaucoup plus de force et d'évidence encore lorsque l'État prend une forme totalitaire, comme ce fut – et comme c'est encore, hélas! – bien souvent le cas dans l'époque contemporaine.

Dans la mesure où il tente de se justifier, l'État totalitaire fait d'ailleurs appel à une conception de la vie collective diamétralement opposée à celle de la démocratie. Selon cette conception, ce n'est que dans et par l'État que les citoyens accèdent à la forme accomplie de l'existence humaine. C'est seulement sous la forme de la volonté collective, telle qu'elle s'exprime concrètement à travers la volonté de l'État, que le bien propre de l'homme peut être visé. C'est seulement à travers l'action de l'État que peut se réaliser la vocation éthique de l'être humain. Le plus haut devoir de l'individu est donc de s'intégrer dans cette volonté collective, de faire de la loi de l'État sa propre loi, d'y reconnaître l'expression adéquate des exigences éthiques qu'il découvre en lui. Mais il y a toujours dans l'individu des inclinations et des tendances qui le portent à préférer ses opinions et ses fins particulières aux exigences de la volonté collective. Il n'est pas porté spontanément à ratifier les finalités prescrites par l'État, à y reconnaître l'expression adéquate (dans les moments historiques où elles s'expriment) de la raison universelle. Ceci justifie une méfiance systématique à l'égard de l'individu comme tel et une vision élitiste du corps politique: on ne peut être assuré que l'ensemble des citoyens aura une vue juste de ce qu'exige le bien de la collectivité comme telle; il faudra donc s'en remettre au groupe relativement restreint de ceux qui, par éducation, par conviction, par ascèse personnelle, auront réussi à s'élever au point de vue de la collectivité.

Il appartiendra à l'État, par l'éducation, par diverses méthodes d'encadrement des citoyens, éventuellement par le recours à divers procédés de contrainte et, quand il le faudra, par des mesures extrêmes de coercition, d'amener les citoyens à surmonter leurs intérêts particuliers et égoïstes et à s'inscrire dans la ligne définie par les responsables de l'État, qui sont sensés exprimer de façon juste les exigences de la vie collective et, par là, les vrais idéaux de l'homme.

Selon son côté pessimiste, la conception démocratique de l'État considère au contraire que celui-ci, tout en étant le médium nécessaire dans la réalisation du bien commun, n'a pas une réalité et une volonté propres qui seraient transcendantes par rapport à celles des citoyens, qu'il constitue une unité d'ordre résultant d'une coopération entre les personnes, non une unité substantielle dans laquelle celles-ci seraient appelées à se fondre. Et en même temps, cette conception considère que les responsables de l'État n'ont pas, du seul fait qu'ils sont chargés de l'exercice du pouvoir, le monopole de la sagesse, qu'ils ne sont pas les interprètes infaillibles des exigences du bien commun et qu'ils n'ont pas nécessairement un degré de vertu qui les prémunit de façon certaine contre toute tentative d'abus de pouvoir. C'est dans les volontés concrètes des individus, appelés à réaliser une vie digne de l'homme, une vie sensée, dans le cadre d'une existence collective organisée, s'appuyant sur la médiation institutionnelle de l'État, que s'enracine la volonté collective (qui s'exprime dans les décisions de l'État). Et c'est en vue du bien concret et plénier des individus, considérés comme appelés à une vocation personnelle, que l'action de l'État se justifie et doit s'organiser. Le bien commun, auquel est ordonnée l'action de l'État, est «le bien personnel d'une pluralité d'individus, dans la mesure où il est poursuivi par des moyens mis en commun»[1].

Il faut donc assurer à chacun la possibilité de réaliser les fins éthiques qu'il doit poursuivre en tant que personne. Le but de l'organisation collective est de rendre possibles une complémentarité et une convergence des actions individuelles, grâce auxquelles chacun pourra, par son agir propre, contribuer à la réalisation du bien des autres. Mais pour que l'individu puisse de fait agir en tant qu'être éthique, responsable de lui-même et des autres, et contribuer par son action à promouvoir le bien des autres, des garanties sont nécessaires, à la fois pour le mettre à l'abri de

---

[1] Arthur UTZ, *Éthique sociale*, t. I, *Les principes de la doctrine sociale*, Fribourg/Suisse, Éditions Universitaires, 1960, p. 98.

l'arbitraire et des interventions excessives toujours possibles de la part du pouvoir et, positivement, pour lui assurer une sphère d'initiative dans laquelle son action pourra se déployer de façon effective. C'est dans cette perspective que se justifient les «droits» qui sont reconnus à chaque citoyen en tant qu'individu et qui offrent comme une assise concrète à l'exercice de sa liberté.

Par ailleurs, il faut imaginer les formes institutionnelles qui soient de nature à prévenir, autant qu'il se peut, les excès de pouvoir, et à contraindre, autant qu'il se peut, les responsables du pouvoir à maintenir leur action dans la ligne de ce qu'exige effectivement le bien commun. C'est dans cette perspective que se justifient les mécanismes formels qui apparaissent comme les caractéristiques les plus visibles des systèmes politiques démocratiques : séparation au moins relativement tranchée des pouvoirs, contrôle de l'exécutif par les représentants de la Nation, recours à un système de désignation de ces représentants basé sur le suffrage universel et sur les élections libres et sincères, renouvellement périodique des assemblées représentatives et du gouvernement.

2. Mais l'idée d'une démocratie comporte aussi, et à un titre sans doute plus essentiel, une visée positive, qui implique une appréciation relativement optimiste du pouvoir, et qui s'exprime dans le concept de participation. Selon cette visée, le pouvoir n'est pas une sorte de réalité substantifiée qui s'imposerait de l'extérieur et comme d'en haut aux citoyens, mais une fonction, du reste pleinement légitime, dont l'expression concrète est la résultante d'une action concertée des citoyens. En d'autres termes, le gouvernement de la cité doit être, en définitive, l'affaire de tous, parce que la finalité qui justifie l'existence et l'action du pouvoir n'est que le lieu de rencontre des finalités personnelles, en tant que celles-ci ne peuvent obtenir leur réalisation que par une médiation réciproque qui doit trouver son assise dans une projection institutionnelle. Il s'agira donc d'imaginer des formes d'organisation permettant aux citoyens de prendre part effectivement à l'exercice de cette fonction collective qui les concerne tous de la façon la plus essentielle, puisqu'il ne s'agit pas d'une simple fonction technique mais d'une fonction ordonnée en définitive à une exigence éthique. Dans certains cas, la participation pourra prendre une forme directe : c'est ce qui se passe quand l'État a recours au référendum. Mais ces interventions directes ne peuvent concerner, dans des communautés nombreuses, que des décisions très ponctuelles et relativement simples, que l'on peut trancher par un «oui»

ou par un «non». La forme la plus réaliste et la plus efficace, semble-t-il, de la participation est la forme indirecte de la représentation : désignation périodique, par voie d'élections, de représentants qui exerceront le pouvoir au nom de leurs mandants. On reproche à ce système de limiter en fait la participation à une sorte de rite électoral, qui n'a qu'une signification fort relative, puisque les candidats proposés aux élections sont en général désignés par des groupes fort restreints (les instances compétentes des partis politiques) et qu'il ne leur est guère possible de s'engager que sur des programmes formulés de façon très générale, la technicité de la vie politique et le jeu des compromis (inévitables dans un système à plusieurs partis) empêchant des prises de positions anticipées sur des dispositions trop précises. Idéalement, les partis politiques devraient être des organes institutionnels à travers lesquels le contact pourrait être maintenu entre les citoyens et les représentants élus, par l'intermédiaire desquels la participation pourrait prendre des formes plus continues et plus efficaces. L'expérience nous oblige à reconnaître que les partis ne remplissent que très partiellement ce rôle. Il faut remarquer d'ailleurs qu'il existe, dans les États démocratiques modernes, bien d'autres formes de regroupement des citoyens qui ont effectivement une fonction de médiation entre ceux-ci et le pouvoir, et qui sont des canaux très efficaces de participation. De toute façon, l'idée de participation, qui représente le côté le plus positif de la conception démocratique de l'État, reste une sorte d'idée régulatrice, qui doit inspirer les efforts concrets entrepris en vue de rendre la démocratie plus réelle, mais dont on peut douter qu'elle trouve jamais une réalisation concrète entièrement adéquate.

Ce qu'il importe de souligner, en tout cas, c'est que l'idée de participation est corrélative de celle de responsabilité. Si les citoyens sont considérés comme des personnes, c'est-à-dire comme des individus capables d'accéder à une compréhension d'ensemble de la réalité et capables de s'assumer eux-mêmes dans l'action, en vue d'une finalité d'ordre spirituel, ils doivent être traités comme des sujets libres, la liberté étant précisément ce pouvoir en vertu duquel un individu peut se déterminer lui-même par rapport aux fins qu'il reconnaît comme s'imposant à lui en raison de sa nature profonde. Mais la liberté, qui comporte un côté négatif, – l'absence de détermination extérieure contraignante dans le domaine où elle s'exerce, – comporte aussi, à un titre d'ailleurs beaucoup plus essentiel, un côté positif: la capacité de s'engager dans des décisions effectives, de s'assumer soi-même, de répondre de soi-même devant les fins que l'on se reconnaît appelé à poursuivre, bref la responsabilité. Et si la vie personnelle n'est pas une vie solitaire, si elle passe par la médiation de la communauté, si chacun reçoit des autres de quoi réaliser sa propre fin, tout en contribuant à la réalisation de celle des autres, la responsabilité ne s'arrête pas à l'individu qui l'exerce, elle le concerne lui-même, dans sa destinée éthique, mais elle concerne en même temps les autres membres de la communauté. Et par là elle a un aspect politique. Il est de la vocation de l'être humain, en tant qu'être personnel appelé à se réaliser dans une communauté de personnes, de porter dans ses propres initiatives et décisions la responsabilité de la communauté à laquelle il appartient, et, plus concrètement, de la forme institutionnelle selon laquelle cette communauté s'organise en tant que société politique. C'est cette responsabilité qui fonde l'exigence de participation. Et c'est en définitive parce que la vie collective a une dimension éthique, se détermine par rapport à une finalité éthique (celle du bien commun), que chaque personne, en tant qu'être éthique, en est responsable pour sa part et selon ses moyens.

3. En principe, une démocratie fondée sur l'unanimité n'est pas impossible. De soi, l'idée de démocratie ne connote pas celle de pluralisme. Il faut admettre cependant que l'hypothèse de l'unanimité n'est guère vraisemblable. A supposer même que tous les citoyens partagent les mêmes conceptions fondamentales sur le sens de l'existence, ils seront presque inévitablement amenés à avoir des idées divergentes sur la manière de résoudre les problèmes concrets qui se posent à l'État, et ces divergences pourront concerner non seulement l'aspect purement technique des problèmes, mais même des questions de fond, relatives à l'organisation de l'État ou aux perspectives à long terme dans lesquelles s'insèrent les problèmes techniques, et qui engagent toujours, en définitive, une certaine manière de concevoir l'équilibre entre les exigences des biens particuliers et celles du bien commun en tant que tel. «Dans le contingent, le bien est multiple». En fait, en tout cas, l'expérience historique nous apprend qu'un régime politique de type démocratique donne toujours lieu à des divergences plus ou moins profondes entre les opinions concernant les affaires publiques, et que les diverses opinions tendent à se cristalliser et à s'organiser sous forme de groupes plus ou moins stables proposant chacun leur vision du bien commun et briguant le pouvoir, en vue de réaliser leurs objectifs. A notre époque, cette diversité s'exprime à travers la pluralité des partis politiques. En un sens,

il y a là comme un défaut d'harmonie et une source de faiblesse. Dès qu'il y a une pluralité de partis, il y a forcément compétition entre eux autour du pouvoir, ce qui entraîne, par certain côté, une grande déperdition d'énergie. D'autre part, si l'on entend rester fidèle à l'idée démocratique, il faut nécessairement accepter des compromis. Ceci est évident dans les cas où un gouvernement ne peut se former que sur la base d'une coalition. Mais même dans un système à deux partis, où le parti majoritaire forme seul le gouvernement, la majorité doit tenir compte jusqu'à un certain point de l'avis de la minorité. Il ne pourrait, sans avoir à recourir à des moyens qui n'auraient plus rien de démocratique, imposer des mesures qui iraient gravement à l'encontre des sentiments profonds d'une partie importante de la population (fût-elle politiquement minoritaire). Il en résulte une relative faiblesse de l'État face aux groupes particuliers et une relative incapacité, dans certains cas tout au moins, à mener une politique tout à fait cohérente et efficace. Mais, en revanche, il apparaît que la pluralité est une garantie décisive contre les abus possibles du pouvoir et en même temps un facteur favorable, du moins en principe, à une conduite raisonnable des affaires publiques. Les inconvénients résultant de la compétition sont en quelque sorte le prix qu'il faut payer pour s'assurer de ces garanties. Mais on peut estimer que le bénéfice procuré par celles-ci dépasse largement la perte d'efficacité qui en est la condition pratique. Quand il y a une pluralité de partis, le pouvoir en place doit toujours compter avec une opposition, qui le surveille et le contrôle. Cette opposition représente un successeur potentiel; il faut donc inévitablement la ménager. Ceci impose de sérieuses limites au pouvoir. Et on peut même penser que, sans la pluralité (et l'existence d'une opposition, qui en est le corollaire), le mécanisme purement formel de limitation du pouvoir ne serait guère efficace. D'autre part, là où il y a pluralité, les problèmes sont abordés par les différents partis (ou regroupements de partis) dans des perspectives différentes. Des discussions publiques doivent obligatoirement avoir lieu à propos des mesures proposées, et le pouvoir exécutif doit s'expliquer publiquement sur les décisions qu'il prend. Comme il est peu probable qu'un groupe détienne le monopole de la sagesse politique, on peut estimer que la confrontation des points de vue peut constituer, en tout cas en général, un facteur d'équilibre, qui rectifie, par une sorte d'effet automatique, ce qu'il peut y avoir d'unilatéral dans les projets proposés par un groupe déterminé (qui n'a jamais qu'une vision partielle et forcément inadéquate du bien commun).

4. Mais la pluralité des partis politiques (et des groupes d'opinions ou d'intérêts qui interviennent indirectement, à des titres divers, dans le processus politique) n'est que la forme la plus extérieure du pluralisme caractéristique des démocraties modernes. Elle ne représente que la projection, sur le plan de la vie politique proprement dite, c'est-à-dire de la gestion du bien public à travers l'appareil de l'État, d'une pluralité plus profonde qui concerne, non pas tel ou tel projet politique déterminé, tel ou tel programme (à court ou à long terme), mais les conceptions fondamentales relatives à la vie en société, conceptions qui dépendent elles-mêmes d'une certaine idée de l'homme et de sa destinée. On pourrait utiliser, pour caractériser ce type de pluralisme, l'expression de «famille spirituelle», pour indiquer précisément qu'il met en cause toute la vision de l'existence. Le problème fondamental qui se pose à une société traversée par des différences de caractère fondamental dans les conceptions de l'homme et de la société, est évidemment d'assurer une coexistence authentique entre les groupes qui portent ces conceptions. Les conditions d'une telle coexistence sont, d'une part, l'exclusion de la violence et, d'autre part, l'affirmation franche des particularités. Il faut que les rapports entre les diverses «familles spirituelles» puissent se régler par des procédures pacifiques, organisant la confrontation loyale des points de vue et la discussion publique sur les questions controversées et prévoyant des modes de décisions acceptables dans tous les cas où la vie en commun exige qu'une question soit finalement tranchée. C'est ici qu'on retrouve les conditions formelles qui caractérisent la démocratie sur le plan proprement politique. Mais d'autre part, il faut que les différences ne soient pas estompées ni même minimisées, que les oppositions puissent être exprimées, que chaque groupe réellement représentatif puisse faire valoir publiquement ses convictions, les défendre, en proposer, dans les domaines où cela apparaît nécessaire, les implications sur le plan politique. De nouveau, ce sont les conditions formelles de la démocratie, – en particulier celles qui sont relatives aux libertés fondamentales, d'opinion, d'expression, d'association, et celles qui entourent ces libertés des garanties nécessaires, – qui peuvent donner aux «familles spirituelles» la possibilité de s'affirmer dans le cadre de la vie collective.

Une coexistence répondant à ces conditions pourrait être appelée «coexistence active», pour marquer son caractère dynamique par opposition à un type de coexistence qui viserait au contraire à neutraliser les différences et à créer une sorte d'unanimité de surface, fondée sur le manque de convictions. Une société basée sur la «coexistence active» s'oblige à vivre dans une certaine tension, et elle connaît inévitablement des moments où cette tension prend des formes particulièrement aiguës. C'est ce qui se produit en particulier lorsque la société politique est amenée à prendre des mesures (législatives par exemple) qui mettent en cause, de façon très directe, des conceptions éthiques de caractère fondamental. La difficulté de la démocratie, c'est bien de maintenir un équilibre durable entre ces tensions et ce minimum d'accord qui est nécessaire pour que la vie sociale puisse se dérouler dans un climat pacifique et pour que la communauté puisse conserver une réelle unité, pour que l'«amitié civique», qui doit créer une solidarité réelle entre tous les citoyens, ne soit pas un vain mot. Un tel équilibre aura nécessairement un caractère dynamique; la démocratie est comme un défi qui doit sans cesse être relevé, c'est une exigence qui doit sans cesse être réévaluée et retraduite dans des contextes perpétuellement changeants.

L'essentiel est que les différents groupes, malgré leurs différences, gardent la volonté de vivre en commun. Et cette volonté, pour être effective, doit s'appuyer sur un certain «consensus» de base. Mais les différences et même les oppositions sur les conceptions de vie sont compatibles avec des accords limités sur les bases de la vie collective, et en particulier avec les principes sur lesquels se fonde un régime démocratique. Car il est possible de justifier de tels principes à partir de convictions fondamentales différentes. Cela ne signifie pas, bien entendu, que la conception démocratique de la vie sociale soit compatible avec n'importe quelle «vision du monde». Il est certain, par exemple, qu'une interprétation de la destinée humaine basée sur une vision totalitaire de la société ne peut conduire à une reconnaissance sincère du principe démocratique. Mais il est en principe concevable que différentes formes d'humanisme, suffisamment soucieuses de la valeur de la personne, puissent se rencontrer sur certaines idées de base suffisantes pour fonder un régime politique démocratique. Et l'expérience historique prouve que de telles situations sont effectivement susceptibles de se réaliser.

Le «consensus» de base n'exclut pas la tension ni les conflits auxquels il peut donner lieu. Mais les oppositions et les conflits n'ont pas nécessairement un caractère négatif. Ils peuvent constituer au contraire des facteurs hautement favorables à l'instauration d'une société «ouverte», c'est-à-dire d'une société capable de se transformer et de s'adapter, réceptive à l'égard des initiatives les plus diverses, acceptant la libre circulation et la libre confrontation des idées et des croyances, offrant un espace effectif d'action aux responsabilités personnelles. Il faut, bien entendu, que les conflits n'atteignent pas une gravité telle que la violence finisse par l'emporter et que la liberté soit mise en danger. Le fonctionnement normal de la démocratie doit précisément les maintenir en deçà de ce point limite, qui serait un point de rupture. Ce qu'il faut souligner en tout cas, c'est que le pluralisme proprement politique, dont on a vu qu'il est une caractéristique pratiquement universelle des sociétés démocratiques, ne prend sa véritable portée et sa véritable consistance que s'il s'appuie sur la pluralité des «familles spirituelles». C'est qu'en effet le sens de la vie politique n'est pas seulement de résoudre les problèmes pratiques qui s'opposent à la vie collective, mais de poursuivre la réalisation, à travers la vie sociale, d'une vision éthique de l'être humain. Une action politique qui ne serait pas sous-tendue par une telle vision serait une action sans perspective, sans signification profonde et, en définitive, inconsciente de ses propres présupposés. Car toute action humaine, dans la mesure où elle est sensée, met en œuvre, au moins implicitement, une certaine façon d'appréhender et d'apprécier les finalités de la vie humaine. Il y a avantage à ce que les présuppositions de l'action soient explicitées et clairement mises en évidence, à ce que les oppositions qui se font jour au niveau des programmes concrets et des projets circonstanciels soient ramenées à leurs motivations profondes et véritables, à ce que les enjeux de la vie politique soient ainsi clairement manifestés. Un débat politique est d'autant plus pertinent et fructueux que les protagonistes ont une conscience nette de ce qui est fondamentalement en jeu dans la confrontation qui les oppose. Ainsi on pourra conclure qu'une société démocratique pluraliste sera d'autant plus solide, plus authentiquement démocratique et, par le fait même, plus propice à l'épanouissement des personnes, que les «familles spirituelles» qui la composent pourront mieux faire valoir, non seulement au plan de la vie privée, mais aussi au plan de la vie publique, les «croyances» sur lesquelles elles sont fondées et leurs implications pratiques. Le terme «croyance» est utilisé ici dans un sens très général et ne désigne pas nécessairement une foi religieuse; il vise l'ensemble des représentations dans lesquelles s'exprime une vision globale de l'homme et de sa destinée, et corrélativement de la vie sociale et de l'histoire. Ce qui justifie l'usage de ce terme, c'est que les représentations de ce type, même si elles sont rationalisables, ne sont en tout cas pas réductibles à des représentations de type scientifique, susceptibles (en principe) de démonstration selon des procédures réglées, mais sont l'objet de convictions dans lesquelles les personnes s'engagent de façon décisive. Un engagement dans une «croyance» peut être motivé par des raisons, mais il excède toujours en définitive l'ordre des pures raisons et demande précisément une sorte de mobilisation globale de la personne, qui dépend au moins autant de la volonté que de l'intelligence.

La vitalité des «familles spirituelles» est à la fois la condition essentielle et l'expression la plus authentique d'une véritable vie démocratique. Mais s'il est vrai qu'elle a une dimension publique, elle doit pouvoir se traduire sous forme institutionnelle. Un groupe ne peut avoir une réelle cohérence, développer son dynamisme propre, faire valoir ses convictions, que s'il peut bénéficier de moyens concrets d'expression et s'assurer d'une continuité suffisante dans le temps, c'est-à-dire s'il peut s'appuyer sur des institutions. Le pluralisme politique renvoie au pluralisme des «croyances», mais celui-ci n'est réel et efficace que dans le cadre d'un pluralisme institutionnel dont le pluralisme politique doit d'ailleurs constituer la garantie. Cette dernière remarque nous ramène directement à notre problème: quelle peut être la signification de l'université catholique dans le cadre d'une société démocratique et pluraliste?

5. L'université catholique est une institution. Elle constitue une des formes institutionnelles à travers lesquelles, dans une communauté historique déterminée, la «famille spirituelle» catholique trouve son expression publique. Mais sa signification particulière, dans ce contexte, est évidemment fonction de sa mission spécifique en tant qu'université et en tant que catholique. Il ne sera pas inutile de rappeler ici quelques-uns des traits qui constituent cette spécificité.

Il existe aujourd'hui bien des institutions qui assurent une formation scientifique ou professionnelle à un niveau supérieur et qui n'ont pas le caractère d'universités. Et il existe aussi bien des institutions de recherche en dehors des universités; à vrai dire les universités comme telles n'assurent plus aujourd'hui qu'une part très limitée de la fonction de recherche. On ne peut donc caractériser l'université en faisant appel uniquement aux fonctions de formation supérieure et de recherche. Ce qui paraît caractéristique de l'institution universitaire aujourd'hui, c'est plutôt un certain mode d'interaction entre l'enseignement et la recherche et, en même temps, un souci constant des déterminants les plus fondamentaux de la recherche. De façon plus précise, on pourra dire que l'institution universitaire se caractérise par les traits suivants: interaction étroite entre enseignement et recherche, interdisciplinarité, souci des problèmes fondationnels. L'organisation même de l'université assure la symbiose entre enseignement et recherche : c'est en principe le même personnel qui assume les tâches d'enseignement et les tâches de recherche ; les cours et séminaires de second et de troisième (voire de quatrième) cycles doivent initier à la problématique la plus actuelle et mettre les étudiants en contact avec les domaines dans lesquels se fait la recherche, et les étudiants qui préparent des doctorats (parfois même simplement des licences ou des maîtrises) prennent une part active au travail de recherche. D'autre part, les liens organiques que l'institution universitaire établit entre les facultés ou les départements, qui représentent les principaux groupes de disciplines, favorisent les contacts et les échanges entre spécialistes des différentes disciplines. Le développement des activités interdisciplinaires est d'ailleurs une des grandes préoccupations des universités à l'heure actuelle. Enfin, tant dans la conception de l'enseignement que dans l'orientation des recherches, l'université s'efforce de maintenir vivante la problématique des fondements. Toute discipline est basée sur des principes et sur des présupposés qui sont en partie explicites et en partie implicites. Si l'on veut obtenir une appréciation correcte de la portée des résultats partiels obtenus au cours du développement d'une discipline, il importe de les replacer dans le contexte des options intellectuelles de base sur lesquelles est appuyée la discipline en question. Et d'autre part, il arrive régulièrement, dans l'histoire d'une discipline, que se posent des problèmes qu'il n'est pas possible d'aborder efficacement sans revenir à ses options de départ pour les soumettre à un examen critique, en mesurer à nouveau la signification, éventuellement les remanier de façon plus ou moins radicale. La présence de la problématique des fondements est indispensable pour assurer le dynamisme à long terme d'une discipline. Il faut d'ailleurs ajouter que l'étude des fondements a tout à gagner des contacts interdisciplinaires, à cause des analogies qui peuvent exister entre diverses disciplines, à cause aussi des liens de dépendance qui peuvent exister entre une discipline et une ou plusieurs autres.

C'est dans ce contexte qu'il faudrait aussi situer le rôle de la philosophie par rapport aux disciplines scientifiques proprement dites. La théorie de la connaissance apporte des instruments critiques indispensables à l'étude des concepts fondateurs et de la méthodologie des diverses sciences. D'autre part, comme les présupposés implicites d'une science se rattachent toujours en partie à des conceptions philosophiques, une connaissance approfondie des grands systèmes philosophiques est nécessaire pour les mettre en évidence avec toute la clarté voulue. Il faut ajouter que, de plus en plus à l'heure actuelle, nous nous rendons compte que le développement de la recherche scientifique pose des problèmes de nature éthique, à la fois par le choix des projets de recherche et par les applications pratiques des résultats obtenus ou conjecturés. Il apparaît de plus en plus que la réflexion sur les fondements doit être complétée par une réflexion sur les incidences éthiques de la science. Ici encore la philosophie a un rôle indispensable à jouer : une approche sérieuse des problèmes éthiques ne peut se faire que sur la base de la philosophie morale, de l'anthropologie philosophique et de la métaphysique (pour ce qui concerne en tout cas les fondements ultimes de l'éthique). Or, tant par son organisation que par sa tradition, et par les valeurs intellectuelles et spirituelles qu'elle porte, l'université est le lieu par excellence où cette double problématique fondationnelle, celle des fondements épistémologiques et celle des fondements éthiques de la recherche scientifique (et de ses applications), peut se poursuivre avec le plus de fruits. On peut considérer à bon droit que la mise en œuvre effective de cette double problématique est un des traits caractéristiques majeurs de l'université.

6. Mais l'université catholique ajoute aux caractères qui appartiennent à l'institution universitaire en général un trait spécifique qui définit sa vocation propre : c'est qu'elle entend organiser explicitement le travail universitaire sous la forme d'un service d'Église, dans une perspective globale qui est celle de la foi chrétienne et à partir d'un engagement fondamental dans la foi. Elle entend servir la communauté chrétienne, – aussi bien la communauté locale dont elle est l'émanation que la communauté universelle de l'Église, – en tant précisément qu'université, c'est-à-dire en assumant, dans une vie de foi vécue ecclésialement, l'œuvre de création intellectuelle qui constitue la tâche et la mission propres de l'université. Cela signifie qu'elle se donne pour vocation spécifique de développer, selon toutes ses dimensions, la problématique des rapports entre la foi chrétienne et la vie de la raison. L'université, en raison des caractéristiques qui lui appartiennent et qui ont été rappelées plus haut, est l'institution dans laquelle l'effort de la raison humaine en vue d'arriver à une compréhension aussi juste que possible de l'homme et du monde trouve sa forme en quelque sorte la plus concentrée. Et cela dans la mesure même où cet effort s'y déploie dans une attention permanente aux problèmes fondationnels. Le terme «raison» n'est que l'indication d'une dimension de l'esprit. Mais le contenu de cette dimension et même sa nature exacte ne nous sont pas donnés avec évidence; ils font au contraire l'objet d'un questionnement qui est au

centre même du travail de la raison. En s'interrogeant sur l'être humain, sur la nature, sur leurs rapports mutuels, la raison ne cesse de s'interroger sur elle-même. Et les problèmes qu'elle se pose lorsqu'elle examine critiquement les fondements de telle ou telle discipline apparaissent en définitive, quand on les prolonge jusqu'à leurs implications ultimes, comme des problèmes qui concernent le statut, les possibilités et les limites de la raison. En même temps qu'elle tente de se construire, de se donner son contenu, la raison est amenée à se poser la question de son propre sens. Jusqu'à un certain point, elle paraît effectivement capable de répondre à une telle question à partir de son propre fonds. La philosophie est, du moins en certaines de ses expressions, cet effort de la raison pour se dire à elle-même son propre sens. Mais il y a lieu de se demander si la raison peut aller, par ses propres moyens, jusqu'au bout de cette question, si elle n'a pas à être éclairée elle-même par une interprétation fondée sur une dimension spirituelle qui n'est plus de l'ordre de la raison mais de l'ordre de la croyance (au sens général qui a été signalé plus haut). Et bien des philosophies ont reconnu qu'il y a, dans la question du sens, comme un inépuisable que la raison ne réussit pas à reprendre sous son contrôle, dont elle reste elle-même dépendante. Du point de vue de la foi chrétienne, le sens même de l'effort rationnel ne peut être pleinement aperçu que dans le contexte général de la vocation humaine telle que, précisément, le christianisme nous la propose. Mais, d'autre part, la foi n'est pas de l'ordre de la pure intériorité indicible ; elle est adhésion à un ordre de réalité qui se propose à l'esprit selon des articulations saisissables et explicitables, qui sont partiellement accessibles aux lumières de la raison. La foi est fondamentalement une vie, mais une vie qui est fondée sur une compréhension. Elle comporte, à l'intérieur d'elle-même, une exigence de compréhension en raison de laquelle elle fait appel à la raison pour l'aider à mieux se saisir d'elle-même et de son objet. Ainsi se dessine un double mouvement, de la raison à la foi qui doit lui révéler son sens, et de la foi à la raison qui doit l'aider à s'éclairer elle-même. On pourrait rappeler ici la célèbre formule : *fides quaerens intellectum, intellectus quaerens fidem*. Cette formule pourrait être, après tout, une bonne définition de la mission propre de l'université catholique.

Concrètement, cette rencontre et cette collaboration entre la raison et la foi se réalisent dans l'université catholique par l'articulation organique qu'elle instaure entre la Faculté de théologie et les autres Facultés représentant les diverses disciplines rationnelles. Cela signifie que, pour remplir correctement sa mission, l'université catholique devrait, idéalement, comporter, outre une Faculté de théologie, un ensemble de

Facultés, représentatif de l'éventail des principales disciplines actuelles: sciences humaines (sociales, psychologiques, historiques, philologiques et linguistiques), sciences mathématiques, sciences physiques, sciences de la vie, philosophie. Dans la pratique, cela n'est évidemment pas toujours possible. Il faudrait cependant que certaines disciplines au moins soient représentées, ne fût-ce que partiellement. Et il serait souhaitable qu'il y ait à la fois une représentation des «sciences humaines» et une représentation des «sciences exactes». Il faudrait du reste sans doute explorer, à ce propos, les possibilités de collaboration entre universités catholiques d'une même région. Des complémentarités efficaces existent ou peuvent être créées. Ce qu'une institution isolée ne peut réaliser, pourra éventuellement être réalisé par un groupe d'institutions, à condition que des liens organiques adéquats assurent la cohésion et l'harmonie du groupe.

7. Mais si tels sont les caractères de l'université catholique, quel rôle pourra-t-elle jouer dans une société pluraliste? Pour répondre à cette question, nous pourrons nous servir utilement de la notion de «famille spirituelle» qui a été introduite plus haut dans l'analyse du concept de démocratie. Ce qui fait l'unité de la «famille spirituelle» et ce qui lui donne sa physionomie propre, c'est, sans doute, une certaine conception de l'être humain, à la fois dans ses aspects individuels et dans ses aspects sociaux. Mais une telle conception constitue en définitive une tentative de réponse à la question du sens, qui est bien la question la plus fondamentale que l'homme puisse se poser, puisqu'elle concerne ce qu'il y a pour lui de plus essentiel, à savoir sa propre destinée. Ainsi la confrontation qui se poursuit, dans une société démocratique, entre les différentes «familles spirituelles» qui la composent, confrontation qui n'exclut pas, on l'a vu, certaines formes nécessaires d'entente et de coopération, est en réalité une discussion concernant la question du sens. La finalité de la vie sociale, c'est de réaliser le bien commun, c'est-à-dire de créer les conditions qui permettront aux individus de réaliser leur fin personnelle, selon la double dimension, individuelle et communautaire, qui appartient à la personne. On pourrait dire aussi, dans un autre vocabulaire, que la finalité de la vie sociale est d'assurer aux individus les conditions d'une vie sensée. Mais il n'existe pas de formule toute faite définissant de façon précise, et une fois pour toutes, ce qu'est une vie sensée. Ce qui est désigné par cette expression fait l'objet d'une quête incessante, à la fois théorique et pratique. Il importe de se donner une vision aussi exacte que possible de ce qui constitue le sens de l'existence; il importe aussi d'en déterminer au mieux les implications pratiques, à la fois au plan de la vie

individuelle et au plan de la vie collective. Une société fermée est une société où un groupe, qui se considère comme éclairé, croit détenir une réponse définitive à la question du sens et se croit en mesure d'en déterminer avec précision, à chaque moment, les implications concrètes, où ce groupe, de plus, prétend imposer ses vues à l'ensemble des citoyens. Une société ouverte est une société où la question du sens est considérée comme devant faire l'objet d'une recherche qui n'est jamais à son terme et où les déterminations pratiques que doit se donner la collectivité ne sont jamais considérées comme revêtues d'un caractère nécessaire et irréformable. C'est une société dans laquelle, précisément, une discussion est ouverte tant au sujet de ce qui peut constituer une vie sensée qu'au sujet des dispositions pratiques qui peuvent en favoriser la réalisation.

Mais une telle discussion, pour être constructive et au moins partiellement efficace, ne peut en rester à la simple évocation d'une problématique. Il faut que des réponses soient proposées, que des positions s'affirment, que des solutions concrètes soient avancées chaque fois qu'un problème collectif de quelque importance se pose. La vitalité d'une démocratie pluraliste dépend de la capacité des groupes qui la composent à donner une forme réellement constructive à la discussion qu'elle appelle, qu'elle rend possible et qui, en même temps, la conditionne. S'il est vrai qu'une «famille spirituelle», dans la mesure où elle met en jeu des positions vraiment radicales, s'appuie sur une «croyance», on pourra soutenir avec de bonnes raisons que la communauté formée par ceux qui se réclament de la foi chrétienne constitue, dans un pays démocratique, une «famille spirituelle» appelée à jouer son rôle, qui peut être déterminant, dans le déroulement de la vie collective et la détermination de la qualité morale et spirituelle de la collectivité politique. Cela est vrai, même là où les membres de la communauté chrétienne ne se regroupent pas dans un seul et même parti politique. Il faudrait même distinguer «famille spirituelle» et «parti politique». Un parti est une organisation qui vise directement l'exercice du pouvoir et propose un programme concret qui pourra se traduire en mesures effectives à relativement court terme. Une «famille spirituelle» est un rassemblement fondé sur une croyance et proposant des orientations fondamentales qui pourront trouver leur traduction au plan proprement politique, éventuellement sous des formes diversifiées (ce qui ne veut pas dire, naturellement, que la projection politique d'une certaine «vision du monde» peut prendre n'importe quelle forme; il y a des conditions essentielles de compatibilité qui doivent être respectées).

8. L'université catholique pourra apporter sa contribution à la vie d'une société pluraliste et à la réalisation progressive de l'idée de démocratie (qui correspond à celle de «société ouverte») selon ce qui fait le propre de sa vocation spécifique. Elle pourra, certes, à travers les recherches qu'elle entreprend, proposer des solutions techniques concrètes à des problèmes que pose la vie collective à un moment donné. Et elle pourra donner à ces propositions une orientation éthique bien définie, inspirée par ses convictions propres. Mais ce n'est pas à ce niveau que se situe l'essentiel de sa contribution. Ce qu'elle aura à apporter de plus substantiel et de plus décisif à la vie de la collectivité, c'est l'effort même qu'elle poursuit dans un travail universitaire entrepris à la lumière de la foi chrétienne. C'est par là qu'elle pourra apporter sa part à l'élaboration pratique d'une vie sensée, objet de la communauté politique.

Elle le fera doublement. D'une part, elle est appelée à donner à la «famille spirituelle» catholique une assise intellectuelle solide, à l'armer pour ainsi dire pour la confrontation qu'elle doit assumer dans le cadre d'une société pluraliste, où la rationalité peut constituer un terrain de rencontre, mais où les accords qui peuvent se réaliser à ce niveau n'excluent nullement les différences plus profondes qui concernent la dimension des «croyances». La foi de la communauté doit être éclairée, autant qu'il se peut. Elle doit être rendue capable d'assumer réellement en elle l'effort de la raison en ce qu'il a de constructif et d'éthiquement justifié, et cela jusque dans les zones les plus avancées de la recherche. Elle doit en même temps replacer cet effort dans la perspective de sens qu'elle-même ouvre pour l'esprit, c'est-à-dire dans la perspective du salut telle qu'elle se dessine dans la révélation qui nous vient par Jésus-Christ. En assumant *pour* la communauté chrétienne, c'est-à-dire à la fois en son nom et à son service, la tâche d'assurer la rencontre entre la raison et la foi, elle aide cette communauté à mieux se définir, à renforcer sa crédibilité et sa détermination, et à intervenir avec plus d'efficacité, de compétence et de lucidité, dans la confrontation démocratique.

Et, d'autre part, par la nature même de son travail, surtout peut-être en ce qui concerne les fondements de la rationalité et les finalités éthiques, elle contribue de façon directe à la détermination du sens et, par là, à l'instauration d'une vie collective accordée aux exigences de la véritable vocation de l'homme. Ce qu'il y a de spécifique dans sa contribution, c'est que, soucieuse d'assumer authentiquement l'effort de la raison (quitte à en marquer les limites, et à le rectifier s'il le faut), elle accompagne ses démarches d'un contrôle critique exigeant que la foi elle-même, du reste, encourage à maintenir vigilant. Or, une approche réellement et constructivement critique de la question du sens constitue un apport du plus grand prix à une vie collective qui se veut démocratique et une garantie décisive contre toutes les tentations de l'arbitraire, de l'unilatéralité, de l'intolérance, bref contre toutes formes de «fermeture». Il y a un lien étroit entre la rationalité critique et la démocratie. Si la raison est considérée comme capable de se donner à elle-même son propre fondement et son propre sens, et de développer avec certitude son contenu, on pourra facilement justifier une forme politique totalitaire: c'est au nom de la raison ainsi conçue qu'un pouvoir totalitaire se croira autorisé à imposer ses vues, et c'est en s'appuyant sur une telle conception qu'il justifiera ses mesures les plus coercitives. Si, au contraire, la raison se définit essentiellement comme recherche, et est prête à reconnaître ses limites, le champ reste ouvert, et cela de façon nécessaire, à la discussion et, en même temps, les garanties sont fournies à la liberté. Nous retrouvons le pluralisme et les conditions de l'ouverture.

Une confrontation de diverses «croyances» non soutenue par l'apport de l'esprit critique risquerait fort de rester stérile et de prendre finalement des formes violentes. Par contre, une tentative, qui viserait à tout régler au niveau de la seule rationalité, risquerait fort d'en rester au seul aspect technique des problèmes (si la rationalité est conçue sur le modèle très légitime mais malgré tout limité de la rationalité scientifique) ou de conduire à une forme politique totalitaire (si la raison est absolutisée et considérée comme instance ultime de compréhension et d'appréciation). Il faut sans doute les «croyances» pour donner à la recherche du sens, non seulement dans ses modalités théoriques mais aussi dans ses modalités concrètes qui sont (en partie en tout cas) de nature politique, une profondeur suffisante. Mais il faut la vigilance de la raison critique, d'une raison exigeante mais en même temps consciente de ses propres limites, pour prémunir les «croyances» contre toute tentative d'irrationalisme, pour leur donner de quoi se comprendre et s'expliquer, bref pour rendre possible ou, en tout cas, pour faciliter un dialogue véritable entre elles. Et le dialogue est la condition d'un pluralisme constructif.

9. En résumé, on pourrait dire que l'université catholique, selon sa mission spécifique, et dans la mesure où elle dispose effectivement des moyens qui doivent lui permettre d'exercer cette mission, est appelée à prendre sa place dans la vie d'une collectivité démocratique et pluraliste, en tant qu'elle est un lieu privilégié d'expression de la «famille spirituelle» catholique (selon la dimension qui définit son travail propre, et qui est celle d'une rencontre organique entre la foi et l'effort de la raison) et

en tant qu'elle contribue à la détermination du sens dans des conditions qui garantissent l'authenticité et la liberté de cette recherche. On pourra dire aussi que, par l'effort même qu'elle poursuit en vue de sa finalité spécifique, elle favorise le développement d'une vie politique réellement démocratique, en aidant, d'une part, la «famille spirituelle» catholique à affirmer avec plus d'assurance, de rigueur et de crédibilité, sa propre spécificité dans le contexte pluraliste du monde contemporain, et en contribuant, d'autre part, à créer les conditions d'un accord au moins partiel sur le contenu de la vie collective. La démocratie, on l'a vu, ne peut rester une idée inspiratrice vivante que si les systèmes politiques qui s'en réclament réussissent à concilier ces deux exigences qui, en un sens, s'opposent: d'une part, permettre à chaque «croyance» de s'affirmer authentiquement et librement et de faire valoir ses vues sur l'organisation de la vie collective, d'autre part, établir un «consensus» suffisant pour que les différences ne deviennent pas disruptives et que la discussion puisse se poursuivre selon des modalités pacifiques. Une société qui se veut démocratique doit réussir à assurer un pluralisme qui concilie la reconnaissance des différences avec l'effort pour fonder la vie collective sur une base commune aussi large que possible.

L'université catholique, en assumant dans une même recherche l'essentialité de la foi chrétienne dans son intransigeance et la dynamique de la raison humaine en quête de son propre contenu, répond à la fois, pour sa part, aux deux exigences qui sont au fondement d'un pluralisme constructif. Sa nature même lui donne ainsi de constituer un support essentiel et une garantie certaine de la vie démocratique. Mais on ne peut oublier, et ceci est capital, qu'elle ne pourra jouer ce rôle que si elle a le moyen de poursuivre la mission qu'elle s'assigne, au service de l'Église et au service de la société, dans une véritable indépendance et une véritable liberté[2].

---

[2] Le thème *Université privée et démocratie* a fait l'objet d'un colloque de la Fédération internationale des Universités catholiques, à Sant Cugat del Vallès (Barcelone), les 21 et 22 avril 1978. Les rapports de J. Ladrière (Louvain-la-Neuve), L. Moulin (Bruxelles), R. Zavalloni (Rome), P.E. Hodgson (Oxford), J. Joblin (B.I.T.), J. Kłoczowski (Lublin), M. Delsol (Lyon) et M. Keyes (Ass. int. des Universités) sont publiés dans *Université privée, creuset de pensée démocratique* (*Cahier* 79-1), Paris, 1979, 101 p.

Table des matières

Imprimerie Orientaliste, B.P. 41, 3000 Louvain (Belgique)